Mata Amritanandamayi • Der Weg der Weisheit und Liebe

Mata Amritanandamayi

Der Weg
der Weisheit
und Liebe

Aus dem Englischen von Petra Thoms

THESEUS VERLAG

Die Deutsche Bibliothek – CIP Einheitsaufnahme
Amritanandamayi:
Der Weg der Weisheit und Liebe / Mata Amritanandamayi [Übertr. aus dem
amerikanischen Engl. von Petra Thoms]. – Berlin : Theseus, 1998

ISBN 3-89620-128-X

Die Textauszüge dieses Buches sind folgenden Originalausgaben entnommen:
Awaken Children! Conversations with Mata Amritanandamayi,
Band I-IX, by Swami Amritaswarupananda
Published by Mata Amritanandamayi Center
P.O.Box 613
San Ramon, CA 94583-0613
USA
© by Mata Amritanandamayi Center

© der deutschen Übersetzung Mata Amritanandamayi Center
© der deutschen Ausgabe 1998 by Theseus Verlag, Berlin

Zusammenstellung der Texte und Lektorat: H.-C. Neder
Übertragen aus dem amerikanischen Englisch von Petra Thoms

Umschlaggestaltung: Morian & Bayer-Eynck, Coesfeld
unter Verwendung eines Fotos
© by Mata Amritanandamayi Center
© der Fotos by Mata Amritanandamayi Center
Gestaltung und Satz: Thoms Graphik Design, Berlin
Druck: Kösel, Kempten

Printed in Germany

ISBN 3-89620-128-X

Gedruckt auf alterungsbeständigem Papier mit chlorfrei gebleichtem Zellstoff

INHALT

Vorwort 9

Biographie 12

Spirituelles Leben

Gott 19

Religion 47

Mahatmas – Weise – Heilige 53

Liebe 76

Wahrheit 85

Kreislauf der Existenzen 87

Natur 95

Tod 102

Hilfen auf dem Weg

Spiritualität leben 117

Familienleben 121

Nächstenliebe – vom Geben 131

Verantwortungsvolles Handeln 136

Gottesverehrung – Rituale 161

Sadhana – Spirituelle Praxis 166

Meditation 170

In der Gegenwart leben 178

Stiller Beobachter sein 182

Sei entspannt 189

Richtige Ernährung 191

Gewaltlosigkeit 193

Glaube 194

Mitgefühl 202

Hingabe 206

Zufriedenheit 210

Unterscheidungsvermögen 215

Reden – Schweigen 217

Erschwernisse auf dem Weg

Ärger – Wut – Zorn 221

Beschimpfungen 225

Gedanken 227

Intellekt 237

Ego 242

Verlangen und Wünsche 248

Unwissenheit 256

Ungeduld 258

Vergangenheit 261

Selbstmord 265

Praktische Hinweise 269

Glossar 282

VORWORT

Wir leben in einer Zeit der Überbetonung des Verstandes. Mitgefühl und wahre Liebe sind Werte, die immer mehr in Vergessenheit geraten. Doch was ist der Mensch, wenn er nicht wieder Zugang zu seiner wahren Natur findet: der Liebe zu allem Sein.

Diese bedingungslose Liebe ist Kennzeichen aller großen Weisen und Heiligen. Unabhängig von Hautfarbe, Geschlecht, Rasse und Kaste sind sie dazu in der Lage, diese Liebe jenen Menschen zu schenken, die dafür offen sind. Während wir immer nur mit bestimmten Erwartungen und Hoffnungen lieben, ist ihre Liebe frei davon. Die Botschaft der Liebe von Jesus, Krishna und Buddha hat auch nach Jahrzehnten nichts von ihrer Aktualität verloren, doch ist sie nicht in unsere Herzen eingedrungen.

Wie heilsam und erlösend die Erfahrung einer solchen Liebe ist, haben zahlreiche Menschen immer wieder berichtet, die Mahatmas und Heiligen begegnet sind.

In dieser Tradition der Heiligen steht auch die 1953 geborene Mata Amritanandamayi, genannt Amma. Sie erfuhr, wenngleich noch jung, bereits weltweite Anerkennung. Mata Amritanandamayi, was soviel wie „Mutter der unsterblichen Glückseligkeit"

bedeutet, hat die traditionelle Begegnung mit einem Meister völlig
verändert. Um ihrer Liebe zu den Menschen auch im Äußeren
Ausdruck zu verleihen, nimmt Amma jeden in die Arme, der zu
ihr kommt, obwohl es für eine indische Frau unüblich ist, fremde Männer zu berühren. Die heilsame Begegnung mit Amma,
heilsam auf vielerlei Art, sowohl körperlich als auch seelisch, bringt
die Menschen wieder dazu, sich zurück auf einen rechtschaffe-
nen Weg zu begeben. Sie entwickeln Liebe und Mitgefühl für
ihre Familie und ihre Mitmenschen.

Ammas Lehre ist dabei keineswegs neu. Sie steht in der Tradition des *sanatana dharma* (ewige Weisheit des Hinduismus).
Sanatana bedeutet ewig, und Dharma ist die Rechtschaffenheit,
die Grundlage menschlicher Ethik, die gesetzliche Ordnung des
Universums und die Basis jeder Religion. Insofern lehrt Amma
nur das, was jede Religion lehrt: Liebe und Respekt allen Wesen
gegenüber, Nächstenliebe, Wohltätigkeit, bewußten Umgang mit
den Ressourcen, Verzicht auf unnötigen Luxus, statt dessen Hil-
feleistung für Arme und Notleidende sowie die Übernahme der
Verantwortung für unser Leben, so zum Beispiel gegenüber der
Familie und den Kindern. Dies ist ein wichtiger Aspekt ihrer
Lehre. Für Amma sind demnach Selbsterkenntnis und Gotteserkenntnis identisch. Der Weg zu Gott ist für sie in erster Linie
auch ein Weg der Hingabe und des Dienens, um hierdurch dem
Göttlichen in jedem Menschen zu dienen.

Das Besondere ist, daß Amma das, was sie lehrt, lebt. Ihr Leben des Verzichts, der Hingabe und des Mitgefühls ist wie ein
leuchtendes Beispiel im Dunkel unserer materiellen und korrup-
ten Welt. Amma hat dadurch bereits Hunderttausende von Menschen auf der ganzen Welt inspiriert, die meist ein völlig neues

Leben begannen. Das, was sie durch ihre unmittelbare Präsenz vermittelt: tiefe Ruhe, Heilung, Geborgenheit, Gelassenheit, Glück und Akzeptanz des eigenen Schicksals, ist durch Worte nicht beschreibbar. Ihre Einfachheit und tiefe Weisheit berühren die Menschen. Ihre Worte sind getragen von allumfassender Liebe.

Amma macht den Menschen das Geschenk der Erfahrung göttlicher Liebe, ungeachtet sprachlicher, politischer und religiöser Barrieren. Ihr Leben der Weisheit und Liebe enthält auch eine universelle Botschaft, die den Menschen neue Hoffnung schenkt.

H.-C. Neder

BIOGRAPHIE

Mata Amritanandamayi wurde am 27. September 1953 in einem kleinen Fischerdorf an der Küste des arabischen Meeres geboren. Ihre Eltern entstammen einer einfachen Fischerfamilie. Das Kind kam nach einer sehr einfach verlaufenen Geburt mit einem strahlenden Lächeln zur Welt. Bereits mit einem halben Jahr saß Sudhamani (wörtlich: reiner Juwel), wie sie von ihren Eltern zunächst genannt wurde, in perfekter Yogahaltung. In diesem Alter begann sie auch zu sprechen und zu laufen. Mit fünf Jahren erfand und sang sie ihre ersten Lieder zu Ehren Gottes. Bald wurde sie im ganzen Ort für ihr ausgesprochen ergreifendes Singen religiöser Lieder bekannt.

Von klein auf half Sudhamani bei den Hausarbeiten. Obwohl sie eine sehr gute Schülerin war, mußte sie bereits mit acht Jahren die Schule verlassen, da ihre Mutter krank war. Von da an übernahm sie praktisch die Verantwortung für den Haushalt. Nur in der Nacht hatte sie Zeit, sich ihren Gebeten und der Meditation zu widmen. Häufig befand sie sich in Zuständen tiefer mystischer Ekstase. Den Eltern kam das Verhalten ihrer Tochter sonderbar vor. Um sie zur Vernunft zu bringen, bürdete die Familie ihr weitere Arbeiten auf. Sudhamani nahm dies als Herausforderung an. In ihren Gebeten bat sie sogar um noch mehr Arbeit, denn sie sah Arbeit als eine Form des Gottesdienstes für ihren geliebten Krishna an. Für sie war Krishna nicht nur die Hauptfigur einer 5000 Jahre alten Legende. Für Sudhamani lebte Krishna, sie unterhielt sich mit ihm und teilte ihm ihre Sorgen mit. Ständig hatte sie ein kleines Bild von ihm bei sich. Es war ganz verknittert und naß von den Tränen ihrer Verehrung. Solcherart führte sie ein sehr abgeschiedenes und isoliertes Leben.

Um Nahrungsabfälle für die Kühe zu sammeln, suchte sie viele Häuser von Nachbarsfamilien auf und kam dadurch mit den Sorgen und Nöten von alten und kranken Mitgliedern dieser Familien in Berührung. Wann immer sie konnte, versuchte sie zu helfen. Sie entwendete hierzu auch Lebensmittel der eigenen Familie. Einmal stahl sie sogar einen Goldreif der Mutter, um damit einer sehr armen Familie zu helfen. Ihre Familie wurde immer aufgebrachter. Sie verstand das mitfühlende Herz des jungen Mädchens nicht.

Eines Tages – nach langen Jahren der spirituellen Praxis – hörte Sudhamani auf dem Heimweg eine Lesung der Lebensgeschichte Krishnas. Sie näherte sich dem Haus, in dem die Lesung stattfand, und wurde plötzlich eins mit Krishna. Auch nach außen ersichtlich, offenbarte sie dessen körperliche Merkmale. Nach mehrmaligen wiederholten Visionen Krishnas entstand in ihr der sehnliche Wunsch nach einer Vision Devis, der göttlichen Mutter. Viele Monate lebte Sudhamani deshalb in strenger Askese, nun völlig von der Außenwelt abgeschnitten. Der Sand wurde ihr Bett, der Mond ihr Licht, und die Tiere brachten ihr Nahrung. Eines Tages hatte sie die ersehnte Vision. Die göttliche

Mutter erschien in der Form von wunderschönem, strahlend hellem Licht. Das Licht verschmolz mit ihr.

Später dichtete sie ein Lied, in dem sie diese Erfahrung beschrieb: „Pfad der Glückseligkeit".

„Lächelnd wurde die göttliche Mutter zu strahlendem Glanz und verschmolz mit mir. Mein Geist erblühte, gebadet im vielfarbigen Licht der Göttlichkeit, und die Erinnerung an Ereignisse von Jahrmillionen stieg in mir auf. Von da an nahm ich nichts mehr wahr. Ich sah nur noch eine einzige Einheit, ging in der göttlichen Mutter auf und entsagte allen Genüssen." *

Danach war sie viele Wochen in Glückseligkeit versunken. Schließlich hörte sie eine innere Stimme, die ihr auftrug, die Glückseligkeit nicht nur für sich zu behalten, sondern zum Wohle der Menschen zu nutzen.

„Mein Kind, ich habe keinen festen Aufenthaltsort. Ich wohne im Herzen aller Wesen. Du bist nicht geboren worden, um nur die ungetrübte Seligkeit des Selbst zu genießen, sondern um die leidende Menschheit zu trösten. Von nun an verehre Mich in den Herzen aller Wesen und befreie sie von den Leiden der irdischen Existenz …" **

Diesem Ruf folgend begann Mata Amritanandamayi oder Amma, wie sie seither genannt wird, ihr Leben dem Wohle der Menschheit zu widmen. Von Anfang an zog Amma viele Besucher an, die um ihren Segen und ihre Hilfe baten. Zweimal in der Woche fand ein ganz besonderer *darshan* statt, *Krishna-* und

---

* Mata Amritanandamayi, Mutter der unsterblichen Glückseligkeit, Interlaken 1989, S. 139
** Mata Amritanandamayi, Mutter der unsterblichen Glückseligkeit, Interlaken 1989, S. 141

Devi-Bhava, bei dem Amma jeweils die Eigenschaften Krishnas und Devis auch nach außen hin verkörperte. Wenig später kamen die ersten Schüler zu ihr, die sich spirituelle Unterweisungen wünschten. Daraufhin entschloß man sich schließlich, an der Stelle des Elternhauses einen *ashram* zu gründen. Mittlerweile hat er sich zu einem großen spirituellen Zentrum entwickelt, und es leben dort fast tausend Menschen aus Ost und West. Eine wachsende Anzahl von Zweigzentren entstand auch im Westen.

Mata Amritanandamayi hat außerdem eine wohltätige Organisation gegründet. In Indien unterhält diese über 20 Schulen, drei Waisenhäuser und eine große Spezialklinik, genannt AIMS, die Mittellose kostenlos behandelt, sowie ein Altersheim und ein Hospiz in Bombay. Für Arme und Bedürftige werden 25.000 Häuser gebaut und insbesondere Witwen und alleinstehenden Frauen sowie Arbeitslosen zur Verfügung gestellt.

Auf Einladung ihrer Anhänger reist Mata Amritanandamayi seit 1987 einmal im Jahr um die Welt. Auf diesen Reisen begegnen ihr Tausende von Menschen, die sie um Rat und Segen bitten. Amma erfuhr weltweite öffentliche Anerkennung – so war sie 1993 Präsidentin für den Hinduismus beim Weltparlament der Religionen. 1995 war Mata Amritanandamayi eingeladen, beim interreligiösen Kongreß anläßlich der Feier des 50jährigen Bestehens der UN eine Ansprache zu halten. Das Thema war: Einheit ist Frieden. Om Namah Shivaya.

SPIRITUELLES
LEBEN

GOTT

Gott ist voller Mitgefühl. Er wartet an der Tür deines Herzens. Er ist da, ob du Ihn rufst oder nicht. Ob du gläubig bist oder nicht – auch uneingeladen ist Er in dir. Gott ist die verborgene Kraft hinter allem. Er verleiht allem Schönheit und macht die Dinge zu dem, was sie sind. Er ist die verborgene Lebensformel. Doch zeigt Er sich dir nicht. Du wirst Ihn nicht fühlen, solange du Ihn nicht rufst. Gebete sind die Einladung. Rufe Ihn an durch Gebet und Meditation.

❖

Ändert sich eine Sache dadurch, daß man ihr verschiedene Namen gibt? In jedem Kulturkreis wird Gott auf eine andere Weise verstanden und verehrt.

❖

Wenn jemand starkes Vertrauen in Gott hat, dann wird er in allem Erfolg haben.

Alle Formen sind begrenzt. Kein Baum reicht bis zum Himmel, keine Wurzel berührt die Unterwelt. Dies bedeutet, alle Namen und Formen sind endlich. Der Gott der Eigenschaften wie der eigenschaftslose Gott sind in dir. Versuche, dein Einssein mit dem Eigenschaftslosen zu verwirklichen.

❖

Alles ist Gottes Wille. Seine Gnade ist immer da für die, die Ihn verehren. Die Verkörperung des Mitgefühls schaut auf uns. Gibt es etwas in unserem Inneren, womit wir diese Barmherzigkeit aufwiegen können?

❖

Suche Zuflucht bei Gott, der alles ist. Der höchste Herr ist allwissend, allgegenwärtig und allmächtig. Die Gottesverwirklichung sollte unser einziges Ziel sein. Welchen Nutzen hat das ziellose Umherwandern im Leben? Was das Ziel des Lebens betrifft, darf es keine Täuschung geben.

❖

Gott allein ist Wahrheit. Erst wenn das erkannt ist, findet das Leben Erfüllung. Gottesverwirklichung ist das einzige Ziel des Lebens. Das allein ist die Nahrung für alle Ewigkeit. Doch der Weg dorthin ist voller Hindernisse. Wenn wir nicht die allergrößte Sorgfalt aufwenden, werden wir ausrutschen und fallen. Und wenn wir fallen, ist unser Leben vertan.

Unser Körper ist nicht das, was uns ausmacht. In uns liegt Wahrheit. Das sollten wir wissen. Wenn wir im Äußeren suchen, werden wir sie nicht finden. Wende dich nach innen. Wer Gott in sich findet, der kann Ihn überall sehen.

❖

Für den, der sein Leben in Gottes Hand legt, ist alles ein Spiel. Die ganze Welt ist ein Spiel.

❖

Ob du ein gläubiger oder ein ungläubiger Mensch oder ob du ein Zweifler bist, spielt eigentlich keine Rolle. Auch als ungläubiger Mensch kannst du ein glückliches und erfolgreiches Leben führen, wenn du dir selbst vertraust. Du mußt nicht an einen Gott glauben, der oben im Himmel auf einem goldenen Thron sitzt. Es genügt, wenn du dir selbst vertraust. Ansonsten wirst du trotz deines Glaubens an Gott nicht viel erreichen. Glauben an Gott heißt, deinen Glauben an dich zu stärken, den Glauben an dein eigenes Selbst. Dies wird auch Selbstvertrauen genannt, Vertrauen in dein eigenes Selbst. Ohne Selbstvertrauen kann dir im Leben nichts gelingen, in welchem Bereich du es auch versuchst. Selbstvertrauen ist nichts anderes als geistiges Gleichgewicht, Mut und Beherrschung deiner eigenen Gedanken, um dich den Problemen des Lebens zu stellen. Den Problemen des Lebens kannst du nicht entfliehen; sie sind unvermeidlich, unabwendbar. Wie willst du ihnen begegnen, wenn du dir selbst nicht vertraust? Das ist nicht möglich.

Gott ist jenseits von Raum und Zeit. Er ist nicht an derartige Begrenzungen gebunden. Darum kann Er sowohl persönlich als auch unpersönlich sein. Er kann zwar eine Form annehmen, aber Er ist nicht diese Form, das heißt, Er ist nicht an die Form gebunden.

❖

Wenn du einmal deine innerste Natur kennst, wird das gesamte Universum zu deinem Reichtum. In diesem höchsten Zustand gibt es nichts zu gewinnen oder zu verlieren.

❖

Gott braucht nichts von uns. Gott ist der Geber von allem. Weder braucht Er uns noch will Er etwas von uns.

❖

All unser Geben ist nur ein Wiedergeben. Wir geben nur zurück, was wir von Gott bekommen haben.

❖

Was kannst du dem Menschen anbieten, den du am meisten liebst, der dir am teuersten ist? Was würdest du ihm schenken? Nur Gutes. Niemals würdest du ihm etwas Schlechtes geben wollen, oder? So spiegelt sich die Liebe und Hinwendung zum Herrn in deinen Taten, in der Schönheit deiner Taten.

Gott braucht nichts, weder Gefälligkeiten noch Schmeichelei, nur Hingabe, Vertrauen und Gehorsam.

❖

Wer arbeitet, erhält seinen Lohn. Gott wird niemandem einfach etwas geben, ohne daß derjenige etwas dafür tut. Bemühung und Gnade bedingen sich gegenseitig. Wenn *tapas* aufrichtig geübt wird, kannst du sehen, wie Gottes Gnade in dich einfließt. Darum solltest du Gott ständig um Arbeit bitten.

❖

Das eine Bewußtsein, das die gesamte Schöpfung zusammenhält, ist in Vergessenheit geraten. Aus diesem Grunde erleben Menschen sich als Außenseiter. Ein gewöhnlicher Mensch nimmt überall nur Unterschiede wahr. Für die Seele aber, die den Körper überwunden und Selbstverwirklichung erlangt hat, existieren keine Unterschiede mehr. Für eine solche Seele ist alles Teil des einen universalen Bewußtseins. Sie erkennt klar, daß alles miteinander verbunden ist; daß nicht verschiedene Einheiten existieren, sondern alles Teil des Ganzen ist. In diesem Zustand erfährst du dich überall und in allem – hier wie dort, oben wie unten, in allen Richtungen, im Häßlichen ebenso wie im Schönen. Wohin eine solche Seele sich auch wendet, ihr Selbst ist bereits da. Sie ist immer gegenwärtig, niemals abwesend; immer bewußt, niemals unbewußt; sie lebt spontan, schöpft aus ihrem tiefsten Inneren. Sie ist niemandem fremd, denn sie ist das alles durchdringende Bewußtsein.

Gott ist das Licht selbst. Er braucht weder unsere Wachskerzen noch andere materielle Gaben. Wenn du eine Lampe für Gott anzündest oder Ihm Essen opferst, geschieht das zu deiner eigenen Zufriedenheit und öffnet dein Herz. Alles, was wir sehen, gehört Gott. Was könnten wir Ihm dann geben? Im Gegenteil: Wir stehlen nur, was Ihm gehört.

❖

Wenn jemand der festen Überzeugung ist: „Nicht ich bin der Handelnde, sondern Gott", dann können ihm unmöglich Mißgeschicke unterlaufen. Er sieht, daß alles von Gott durchdrungen ist. Nur wer jenseits allen Irrtums ist, wird glauben: „Gott allein ist der Handelnde; nicht einmal ein Grashalm kann sich ohne Ihn bewegen."

❖

Lege die Bürde ab, die auf deinem Kopf lastet. Dann wirst du befreit sein. Es genügt nicht, wenn du sie einfach abgibst. Du mußt sie Gott zu Füßen legen. Sodann kannst du in Freuden weiter das tun, was Er dich tun läßt.

❖

Wenn der Geist rein werden soll, muß sich die Liebe zu Gott, müssen sich Tugenden entwickeln. Das größte Hindernis auf dem Weg zu Gott ist unsere Selbstsucht. Sie fällt automatisch von uns ab, wenn wir Mitgefühl für andere entwickeln.

Es ist ein sehr schmaler Pfad, der zur Selbstverwirklichung führt. Diesen Weg geht jeder allein.

❖

Gewöhnliche Menschen mit wenig verfeinertem Intellekt können sich einen form- oder namenlosen Gott nicht vorstellen. Doch form- und namenlos ist Seine wahre Natur. Sie brauchen etwas, woran sie sich festhalten können, jemanden, mit dem sie ihr Herz teilen können. Die Menschen können sich in ihrer Begrenztheit nicht mit einem anderen begrenzten Wesen zufriedengeben. Wissentlich oder unwissentlich ist man immer auf der Suche nach einer unendlichen universellen Person, der man seinen eigenen Kummer übergeben kann, um Frieden zu finden.

❖

Wenn wir Rama, Krishna oder Christus anbeten, verehren wir die ewigen Ideale, die sich durch sie manifestieren. Wären sie gewöhnliche Menschen, würde niemand sie anbeten. Der wahre Sucher verehrt in ihnen kein begrenztes Wesen, sondern dieselbe alles durchdringende kosmische Intelligenz, an die wir auch als einzige Wahrheit glauben.

❖

In der Bewußtheit der Welt gibt es keine Bewußtheit des Selbst (Gott). In der Bewußtheit des Selbst wiederum gibt es keine Bewußtheit der Welt.

Unsere wahren Verwandten sind die, die nur Gott im Herzen tragen. Nur diejenigen, die uns dabei helfen, werden uns lieb und teuer.

❖

Der Wind der Gnade Gottes wird uns nicht erheben, solange wir die Last des Egos und der Wünsche tragen. Diese Last muß verringert werden. Das Ego und seine Resultate sind asurische Eigenschaften, die unser Leben und die Persönlichkeit beeinträchtigen.

❖

Wenn da kein Gott ist, dann sei es so. Sagen wir jemals, daß wir nicht existieren? Nein. Welchen Beweis hast du dafür, daß dein Großvater existiert hat? Sind deine und deines Vaters Existenz nicht Beweis genug? Die Existenz des Universums beweist die Existenz seines Schöpfers, Gott. Darum erforsche zuerst dich selbst. Habe Vertrauen in dich, in dein eigenes Selbst. Du denkst, du bist nur das, was du sehen und verstehen kannst: Körper, Geist und Intellekt. Aber du bist mehr als das. Was dir Kraft, Vitalität und Stärke gibt und deinem Leben Glanz verleiht, ist etwas anderes. Die moderne Wissenschaft nennt es Energie, unsere alten Weisen nannten es das Selbst oder Gott. Dich selbst zu erforschen bedeutet, das Selbst zu erkennen, ohne das du keine Existenz, Kraft oder Stärke besitzt. Doch das Selbst ist sehr subtil; du kannst es nicht wahrnehmen, aber du kannst es erfahren. Wir gelangen zu Gott, wenn wir uns selbst suchen.

Die Annäherung an Gott ist immer auch mit Leid verbunden. Spiritualität ist nichts für Müßiggänger. Die Schwierigkeiten auf der feinstofflichen Ebene sind schwerwiegend im Vergleich mit den Sorgen der äußeren Welt.

❖

Wir können lernen und tun, was wir wollen. Bei allem, was wir verfolgen, müssen wir nur die Werkzeuge oder Fähigkeiten nutzen, die uns von Gott gegeben sind. Wenn man den spirituellen Weg wählt, sollte man nicht müßig darauf warten, daß die Gnade von allein kommt. Verwirklichung kommt nicht einfach automatisch, sondern erfordert eine Menge Arbeit. Verwirklichung läßt sich nicht erkaufen. Sie ist immer mit Arbeit verbunden.

❖

Nichts geschieht zufällig. Die Natur ist kein Zufall. Die Schöpfung ist kein Zufall. Sonne, Mond, Meer, Bäume und Blumen, Berge und Täler sind keine Zufälle. Planeten bewegen sich um die Sonne, ohne auch nur einen Zentimeter von ihrer vorbestimmten Laufbahn abzuweichen. Die Meere bedecken weite Teile des Erdballs, ohne dabei die gesamte Erde zu verschlucken. Wenn diese wunderschöne Schöpfung aus reinem Zufall entstanden wäre, wäre sie nicht so geordnet und systematisch. Seht euch die Schönheit und den Zauber der Schöpfung an. Das umfassende Muster an Schönheit und Ordnung, das die gesamte Schöpfung durchzieht, zeigt mit großer Klarheit, daß ein weites Herz und große Intelligenz hinter allem steht.

Das „Ich", welches das gesamte Universum erfüllt, das ist das wahre „Ich". Wenn das Bewußtsein „Ich bin nicht der Körper, ich bin das Selbst" erwacht, werden wir verstehen, daß nichts von Brahman verschieden ist. Dann werden wir aus Erfahrung wissen, daß alles „Ich" ist.

❖

Wie die Sonne beim Aufgang und beim Untergang dieselbe ist, so sind Gott und die Welt eins. Solange du deine Energie für triviale Dinge verschwendest, kann das Wesentliche nicht erkannt werden. Du mußt dein Unterscheidungsvermögen anwenden.

❖

Auch wenn gemeinhin gesagt wird, daß Gott in uns ist, gibt es doch eine unendliche Kraft, die unabhängig von allen geschaffenen Dingen existiert und diese transzendiert. Diese Kraft ist Gott. Nichts kommt ihr gleich, und sie ist Ursprung und Wohnstatt einer befreiten Seele.

❖

Der allwissende, allmächtige und allgegenwärtige Gott – die eigenschaftslose Wirklichkeit – kann jede Form annehmen, die Seine Verehrer sich wünschen. Die Form, die Er als Gott oder *guru* annimmt, besteht dabei nicht aus den fünf Elementen, sondern sollte eher als die Verkörperung reiner Existenz, Bewußtheit und absoluter Glückseligkeit angesehen werden.

Wir werden niemals zu diesem Höchsten Selbst (Gott) gelangen, solange auch nur ein Jota von Selbstsucht bleibt. Das Ego kann nur mit der Einstellung „Ich bin jedermanns Diener" ausgelöscht werden. Nur dann kann Gott geschaut werden.

❖

Frieden wird nicht erlangt, wenn du ihn außen suchst. Du mußt ihn in dir suchen. Gott wohnt in dir.

❖

Gott ist nicht auf einen einzigen Körper oder Ort beschränkt. Es gibt kein einziges Atom im Raum, in dem Er nicht ist. Denke nicht, daß Amma nur in Vallickavu und nur dieser Körper ist. Wenn du aufrichtig betest und an Amma denkst, wird diese Schwingung sie erreichen und sich in ihrem Geist spiegeln. Durch deine Gebete und deinen reinen und unschuldigen Wunsch wird Amma zu dir kommen. Dann wirst du ihre Gegenwart und ihren Frieden fühlen.

❖

Niemand kann vorhersagen, wo, wie oder wann die Herrlichkeit Gottes Gestalt annehmen wird. Er kann sich zu jeder Zeit und an jedem Ort verkörpern. Er ist weder an Zeit noch Raum gebunden. Um Dharma zu beschützen, nimmt das unbegrenzte und formlose höchste Wesen unterschiedliche begrenzte Formen an und läßt diese wieder mit Seinem unendlichen Selbst eins werden.

Vermehre deine Probleme nicht, indem du sie mit anderen teilst. Teile sie Gott mit und versuche sie zu lösen. Wenn wir unsere Probleme mit dem allumfassenden Wesen teilen, werden wir ewigen Frieden erlangen.

❖

Welches Problem auch auftaucht, suche stets Zuflucht bei Gott.

❖

Äußere Nachlässigkeit wird auch zu innerer Nachlässigkeit führen. Gott ist Schönheit. Er ist Reinheit. Er ist die Harmonie in allem. Diese Harmonie ist in jedem Ding, an jedem Ort, wie unbedeutend es auch erscheinen mag.

❖

Wir sind in einer Illusion verstrickt und glauben, daß das, was ist, nicht ist, und daß das, was nicht ist, ist. Wir sehen die Welt mit den Augen der Unwissenheit. Wir müssen den Unterschied zwischen dem Ewigen und dem Veränderlichen erkennen. Im Moment befinden wir uns im Schlaf, aber das Ziel ist, einen Zustand jenseits von Schlaf zu erreichen. Es wird ein Zustand eintreten, der frei von Schlaf ist. Dann werden wir auch während des normalen Schlafs bewußt bleiben. Der Körper wird ruhen, aber der Geist wird wach bleiben. Wenn wir zum Gottesbewußtsein erwachen, werden wir erkennen, daß die Welt nichts als ein Traum ist.

Demut bedeutet, Gott in allem zu sehen oder sein eigenes Selbst überall wahrzunehmen. Demut bedeutet, den Willen des Höchsten anzunehmen. Demut bedeutet Selbstaufgabe, unseren Willen dem Willen Gottes unterzuordnen. Wenn das getan ist, kann man nur demütig sein, denn man sieht, daß alles, was in diesem Leben geschieht, ob positiv oder negativ, Sein Wille ist. In diesem Stadium verschwinden alle Reaktionen. Es gibt keine Reaktionen mehr, nur noch Akzeptieren.

❖

Die Erinnerung an Gott und die Wiederholung des *mantra* ist notwendig, um der Bindung an die weltlichen Freuden zu entfliehen. Ständige Erinnerung an Gott, unabhängig von Zeit und Ort, ist wahre Hingabe. Sowie deine Vorstellungskraft und deine Entschlossenheit stärker und stärker werden, kannst du allmählich Seine Gegenwart, innen wie außen, spüren.

❖

Habe den starken Glauben und die Überzeugung, daß Gott immer bei dir ist.

❖

Bevor du erkennst, daß du hilflos bist, daß dein Ego dich nicht retten kann und daß alles, was du erreicht hast, nichts ist, wird Gott oder der Guru die notwendigen Umstände schaffen, damit du diese Wahrheit erkennst.

Nur für diejenigen, die *brahman* erreicht haben, ist alles gleich. Für andere gibt es gut und böse, und sie verhalten sich entsprechend. Wenn das innere Selbst in Tieren eins ist, sind sie deshalb gleich? Ebenso bei den Menschen: Auch wenn das Selbst (Brahman) in allen Menschen eins ist, unterscheiden sie sich im Charakter, und dementsprechend sollte man sich verhalten.

❖

Gott wohnt nicht dort, wo Ego und Selbstsucht regieren. Wenn sie da sind, wird Gott tausend Meter Abstand von uns halten.

❖

Auf und ab, Kummer und Trübsal sind die Natur des Lebens. Sie sind unvermeidlich. Gott will uns nicht strafen. Aus Seinem Mitgefühl wird Er uns Gelegenheiten geben, nachzudenken, zu unterscheiden und richtig zu handeln. Nicht Gott läßt uns Fehler machen. Wir selbst begehen Fehler, wohl wissend, daß wir im Irrtum sind, und hören nicht auf die Warnung unseres eigenen Bewußtseins, das Gott ist.

❖

Ein spiritueller Mensch weiß, daß er bei keinem Mann und keiner Frau Zuflucht findet. Kein Mensch kann einem anderen Menschen eine Zuflucht bieten. Denn alle Menschen sind unvollkommen, und kein unvollkommener Mensch kann einen anderen unvollkommenen Menschen beschützen.

Wenn wir Gott an erste Stelle setzen, wird alles andere in unserem Leben sich ordnen. Sobald Gott in unserem Leben ist, wird die Welt nachfolgen. Doch wenn wir die Welt an erste Stelle setzen, wird Gott nicht folgen. Wenn wir die Welt umarmen, wird Gott uns nicht umarmen. Gott in uns zu haben, ist anfangs ein Kampf, doch werden wir, wenn wir beständig sind, immerwährende Glückseligkeit und Zufriedenheit erlangen. Dann werden alle Kämpfe ein Ende haben. Die Welt zu umarmen ist leicht, und anfangs läuft alles reibungslos, aber es wird in nicht enden wollendem Kummer und Leid enden. Wir haben die Freiheit, uns für das eine oder das andere zu entscheiden.

❖

Selbst wenn Gott eine Welt geschaffen hätte, in der nur Gutes existiert, hätten die Menschen sie durch ihren Hang zur Unmäßigkeit in eine Hölle verwandelt. Nicht nur das; um die Großartigkeit und die Schönheit des Guten zu erkennen, bedarf es auch des Schlechten. Ohne Vergleichsmöglichkeit kann man nichts einschätzen. Um Schönheit verstehen und schätzen zu können, müssen wir auch Häßlichkeit erkennen können.

❖

Wir sollten lernen, alles mit Liebe und Aufrichtigkeit zu tun. Die Gelegenheit, andere zu lieben und ihnen zu dienen, sollte als außergewöhnliches Geschenk angesehen werden, als Segen Gottes. Wir sollten froh und dankbar sein, daß Er uns solche Gelegenheiten gibt.

Laß dich nicht auf Dinge ein, die dich wieder in Schwierigkeiten bringen. Wende dich dorthin, wo Stille ist. Unsere Zeit ist zu kostbar, um sie in der Gesellschaft mit anderen zu vertun. Was gewinnen wir, wenn wir über all diese Dinge sprechen und diskutieren? Sollen sie dich lieben oder hassen. Eine gute Gesellschaft ist das Zusammensein mit spirituellen Menschen oder Aspiranten, die uns Gott näherbringen. Schlechte Gesellschaft wird sich auf unsere Gedanken und Taten übertragen. Wir begeben uns in Gefahr, wenn wir Fehler in anderen sehen. Wenn du mit Menschen kämpfst, wirst du böse wie sie. Du verschwendest dein Leben und verlierst alles, und beide Seiten werden zugrunde gehen. Wenn du Hilfe suchst, dann suche Gottes Hilfe. Gott kannst du all deine Sorgen anvertrauen. Gott allein ist die Wahrheit.

❖

Nur wenn wir uns als getrennte Daseinsformen wahrnehmen, können wir andere ignorieren oder geringschätzen, weil wir dann mit dem Ego identifiziert sind – mit Zorn, Haß, Neid, Voreingenommenheit und all unseren anderen negativen Eigenschaften. Sind wir aber eins mit dem Selbst, schenken wir solch nichtigen Gefühlen keinerlei Beachtung. Unser Ego bleibt sich selbst überlassen. Wir bleiben fortwährend im Selbst, dem absoluten Mittelpunkt unserer Existenz. Verschiedenheit wird nur erlebt, weil wir unser wahres Selbst vergessen haben und vom Ego beeinflußt sind. Zur Zeit sind wir uns nur unseres kleinen Selbst bewußt – alles dreht sich nur um uns. Über diese Selbstbezogenheit müssen wir hinauswachsen und unsere Mitte in unserem wahren Selbst finden, in *atman*, dem absoluten Bewußtsein.

Erkenne, daß Gott als reines Bewußtsein in allen Wesen wohnt,
auch in dir. So wie diese Erfahrung in dir immer stärker wird,
wächst auch die Liebe in dir, bis du schließlich eins mit ihr wirst.
Die Liebe in dir dehnt sich aus und umarmt das gesamte Universum mit all seinen Wesen. Du wirst zur Verkörperung der Liebe.
Diese Liebe ist das beste Heilmittel gegen alle emotionalen Blok-
kaden und negativen Gefühle.

❖

Gott existiert einfach, ohne Bedingungen und ohne Begrenzungen. Er gibt bedingungslos. Wenn die Tür deines Herzens ge-
schlossen ist, wird Er nicht eintreten. Er wird draußen warten,
aber Er wird nicht eindringen. Er ist nicht aggressiv, denn Er ist
Liebe. Liebe ist niemals aggressiv. Liebe fließt ständig, ununter-
brochen, unzerstörbar. Mitgefühl ist wie ein Fluß, ein unendli-
cher Fluß, der niemals verletzt. Verletzen ist die Natur der Menschen. Liebe verletzt nie. Mitgefühl verletzt nie. Aber wir verletzen Menschen, weil wir Egos haben. Das Ego weidet sich an anderer Menschen Unglück. Das Ego erfreut sich daran, andere
kämpfen und leiden zu sehen.

❖

Das Selbst existiert allein in der Welt des Selbst. Wir befinden
uns immer noch auf der Ebene der Individualität. Unser Körper
besteht aus den fünf Elementen, die von Hitze, Kälte und anderen Dualitäten beeinflußt sind. Aufgrund dieser Voraussetzungen leben wir.

Es ist unsere Pflicht Gott gegenüber, den Armen und Bedürftigen mit Mitgefühl und Liebe zu begegnen. Wenn jemand leidet,
sollten wir mit ihm fühlen und ihn bedauern. Doch das allein ist
nicht genug; wir sollten auch bereit sein, ihm zu helfen, denn
Gott ist überall, in allem. Wenn wir Mitgefühl und Liebe für
leidende Menschen entwickeln, wird Seine Gnade ganz natürlich in uns einfließen.

❖

Für jemanden, der die *maya* überwunden hat, ist alles Brahman,
da er Es ständig erfährt. Aber auf jemanden, der in der Welt von
Maya lebt, trifft dies nicht zu. Er muß einen wohlüberlegten
Versuch machen, sich zu befreien. Diese empirische Welt ist nichts
als ein von unseren Gedanken und unserem Geist hervorgeru-
fener Traum, ein langer Traum. Atman oder das Selbst hat nichts
damit zu tun. Es erleuchtet nur alles, so wie die Sonne die ganze
Welt erleuchtet. Die Sonne kann nicht anders als scheinen. Ebenso
ist die Natur des Selbst das Licht; es kann nicht anders als erleuchten.

❖

Du solltest die Fähigkeit und die Kraft haben, Gott zu erkennen,
den Gott in allen Dingen und allen Wesen. Dies ist erst möglich,
wenn du Gott in dir siehst. Sobald du die Göttlichkeit als deine
wahre Natur erkannt hast, wirst du die Göttlichkeit in anderen
erkennen. Dann wirst du sehen, daß Gott überall ohne Einladung Platz nimmt.

Sieh die Göttlichkeit oder die Gegenwart Gottes überall. Wer versucht, die göttliche Gegenwart überall zu sehen und zu fühlen, wird äußere Reinheit hoch schätzen. Er denkt daran, daß Gott überall wohnt, überall geht und überall sitzt. Bei jedem Schritt, den er hört, bei jeder Bewegung, die er fühlt, in allem, das er betrachtet, hofft er, seinen Herrn zu schauen. Er kann seinem Herrn keinen schmutzigen und dunklen Platz anbieten. Er kann Ihn nicht an einem Ort willkommen heißen, der unordentlich und unsauber ist. Der Herr ist sein Geliebter. Doch er weiß auch, daß der Herr allmächtig, allgegenwärtig und allwissend ist und daß Er reiner als das Reinste ist. Dieses Bewußtsein erfüllt ihn mit Ehrfurcht und Achtung.

❖

Gott kann nicht eindringen. Er ist nicht aggressiv, weil Er Liebe ist. Gott ist keine Person; Er ist Bewußtsein. Er kann nicht eindringen, weil Bewußtsein nicht aggressiv sein kann. Lade Ihn ein, und Er wird eintreten. Aber selbst ohne Einladung wartet Er an deiner Tür, wartet, daß du Ihn hereinbittest. Der uneingeladene Gott bleibt draußen und enthüllt sich deinem Herzen nicht. Immer gegenwärtig, wartet Er mit Liebe und Mitgefühl. Seine Pracht und Herrlichkeit sind immer gegenwärtig, jedoch nicht offenbar, weil du die Macht Seiner Gegenwart nicht durch Gebet und Meditation angerufen hast. Durch deine Einladung, durch deine Gebete und Meditation wird Gott in dein Herz eintreten und dir Seine Gegenwart enthüllen. Dann wirst du erkennen, daß Er immer da war und darauf gewartet hat, daß du Ihn rufst.

Die Welt ist nicht etwa nicht-existent. Die Welt ist unbeständig oder schwankend. In jedem Moment ist sie Veränderung unterworfen. Sie ist nicht von Dauer. Ihre äußere Erscheinungsform verändert sich, doch das, was ihr Erscheinen bewirkt, ist unveränderlich. Das ist Atman, die Grundlage, auf der alle Veränderungen stattfinden.

❖

Es gibt nur einen Atman, nicht viele. Dieser Atman ist alles durchdringend. Weder stirbt er, noch wird er geboren. Der Atman kann weder einen Körper verlassen noch in einen anderen eintreten. Der Atman ist überall gegenwärtig. Woher kann er kommen und wohin kann er gehen? Nur der Geist geht von einem Körper zum anderen.

❖

Die Welt der Dinge manifestiert sich nur, wenn der Geist funktioniert. Im Zustand der Verwirklichung ist alles vom Höchsten Bewußtsein erfüllt. Wer diesen Zustand erlangt hat, erblickt überall nur Wirklichkeit. Vorher ist die Welt der Erscheinungen noch gegenwärtig. Wenn die Ewigkeit erfahren wird, wird die veränderliche Welt dich nicht mehr täuschen. In diesem Zustand wirst du fest verankert im unveränderlichen Atman. Glaube nicht, daß die Welt völlig verschwindet, wenn du Verwirklichung erlangst. Die sich täuschen lassen, werden sie als „wirklich" ansehen. Die sich nicht täuschen lassen, werden immer nur in sich selbst ruhen. Sie werden das Selbst durch das Selbst wahrnehmen.

Der Atman allein ist das Subjekt – derjenige, der sieht, der Seher. Alles andere – das, was gesehen wird – ist das Objekt. Das Selbst kann nicht anders als durch das Selbst erkannt oder erfahren werden. Erfahrungen ändern sich, doch das, was erfährt – die Grundlage aller Erfahrung – bleibt ein und dasselbe. Nichts kann den Atman erkennen außer dem Atman selbst – das Subjekt erkennt das Subjekt. Das bedeutet es, das Selbst zu erkennen. Die höchste Stufe der Selbsterkenntnis ist keine Erfahrung an sich, sondern eher ein Zustand – ein Zustand ungebrochenen und immerwährenden Erkennens.

❖

Es existiert nichts außer Gott, dem *paramatman*. Der Atman allein existiert.. Wenn wir alles als Teil von uns selbst erfahren, wie können wir dann irgend etwas verwerfen? Wie können wir dann irgendein Lebewesen oder selbst ein unbelebtes Ding als unbedeutend erachten? In diesem Stadium existiert keine Wahrnehmung von Verschiedenheit; alles ist von Bewußtsein durchdrungen.

❖

Du kannst Gott nicht entfliehen. Wo du auch hingehst, was du auch tust, Er ist immer da und wacht über dich, über Sein Kind. Was du auch tust, das tust du nur mit Seiner Zustimmung, mit Seiner Erlaubnis. Er läßt dich spielen. Aber der Platz, an dem du spielen kannst, ist begrenzt. Glaube nicht, daß du spielen kannst, wo du willst.

Die gesamte Menschheit befindet sich in einer ähnlichen Lage. Die Menschen haben vergessen, wer sie sind. Das Ego hat sich eingeschlichen und uns in einen Zustand äußerster Vergeßlichkeit und Unbewußtheit gelockt. Wir müssen aus unserer Erstarrung erwachen. Die erwachte Seele identifiziert sich niemals mit dem Spiel, auch wenn sie mit Freuden daran teilnimmt. Für sie ist es ein Spiel unendlichen Bewußtseins. In diesem unendlichen Spiel des Bewußtseins, in dem Gott im Mittelpunkt steht, gibt es nichts Unbedeutendes. Alles ist von Göttlichkeit durchdrungen. Jeder Grashalm und jedes Sandkorn sind von göttlicher Energie erfüllt. Der Erwachte nimmt eine Haltung tiefer Verehrung und Demut der gesamten Schöpfung gegenüber ein. Denn sobald du das Ego überwunden hast, bist du nichts – du bist von göttlichem Bewußtsein erfülltes unendliches Nichts. Wenn du jeglicher Existenz mit der Haltung demütiger Verbeugung begegnest, fließt diese Existenz in dich ein. Du erlebst alles als Teil von dir, nichts ist mehr von dir verschieden.

Die Gnade ist ein rätselhafter Faktor. Niemand weiß, wann, wie oder wo sie geschenkt wird. Sie läßt sich von den Menschen nicht kontrollieren. Du kannst dich bemühen; du mußt es versuchen. Dann wartest du. Der entscheidende Faktor ist Gnade. Sie liegt in Gottes Hand. Wir machen die Erfahrung, daß viele Dinge, um die wir uns bemühen, sich nicht materialisieren. Das liegt an der fehlenden Gnade. Ebenso wissen wir auch, daß bestimmte Dinge einfach geschehen, auch ohne Mühe. Das ist die Gegenwart der Gnade.

Gott hat uns mit einer Fülle von Geschenken gesegnet, der Mensch jedoch verwandelt alles in einen Fluch. Das Leben ist ein wunderbarer Segen. Unser Geist und jeder Körperteil, unsere Gesundheit und unser Wohlstand – all dies sind Segnungen, die uns von Gott geschenkt werden. Was aber tun wir mit diesen Segnungen? Wir benutzen unsere Hände für die falschen Taten, unsere Beine bringen uns zu verbotenen Plätzen, mit unseren Augen schauen wir häßliche Dinge an, mit unserem Geist machen wir gottlose Pläne und denken schlecht von anderen, mit unserem Intellekt erfinden wir schädliche Dinge, und all unseren Reichtum verwenden wir nur für unsere eigenen selbstsüchtigen Belange.

❖

Gott ist verliebt in Seine Schöpfung. Er, als die eine lebenspendende Kraft, durchdringt alles.

❖

Situationen, in denen Offenheit und innere Entwicklung möglich werden, entstehen nur durch Gottes oder des Gurus *sankalpa*. Nichts geschieht zufällig. Dies sollten wir erkennen.

❖

Der Liebende ruft, und der Geliebte erhört ihn; der Schüler ruft, und der Meister erhört ihn; der Gläubige ruft, und Gott erhört ihn. Doch die Natur der Antwort hängt von der Frage ab.

Wir müssen der Seele, der Verwirklichung des Selbst (Gott) weit mehr Bedeutung einräumen, um ein wahrlich zufriedenes, glückliches Leben zu führen. Und wir müssen den Körper weit weniger wichtig nehmen. Aber wir machen es genau umgekehrt. All die Energie, Mühe und Aufmerksamkeit, die wir eigentlich auf die Seele richten sollten, verwenden wir statt dessen auf den Körper, indem wir uns darauf konzentrieren, es ihm so schön und behaglich wie möglich zu machen. Aber die Seele erhält kaum einen Tropfen unserer Zuwendung und wird ihrem Schicksal überlassen. In unserem Zustand der Verwirrung haben wir die Perspektive verloren, mit dem Ergebnis, daß unser Denken und Handeln negativ ist.

❖

Nichts wird ohne Mühe erreicht. Aber wir können nur die Bemühung machen. Die Frucht muß von Gott gegeben werden. Wieviel wir auch arbeiten, nichts wird ohne Gottes Gnade erlangt.

❖

Was überall ist, ist immer zugleich nah und doch fern. Solange du in Unwissenheit bist, erscheint dir das Selbst (Atman) weit entfernt, „weiter als weit". Doch sobald das Mißverständnis aufgehoben ist, daß wir dieser Körper sind, wird uns das, was „weiter als weit" ist, „näher als nah" sein. Wir erkennen, daß wir niemals vom Paramatman getrennt waren, daß wir immer in ihm existiert haben – er ist immer dagewesen.

Jeder ist Teil des universalen Bewußtseins. Wenn du also Gott aus tiefstem Herzen anrufst, werden die Wellen deines Rufens eine große Seele erreichen, die eins mit diesem Bewußtsein ist, und dir wird Antwort zuteil.

❖

Eine Antwort ist immer nur eine Spiegelung, denn Gott steht über allem. Er ist reine Wahrnehmung, unberührt und frei von Bindung. In diesem höchsten Zustand, wo du nur wahrnimmst, was geschieht, wo du deine Erfahrungen weder als gut noch als schlecht bewertest, hast du Abstand von jeder Situation.

❖

Paramatman, das höchste Bewußtsein, ist in nächster Nähe. Doch scheint er uns fern, weil wir uns fälschlicherweise mit Schmerz, Freude, Leid, Zorn und anderen Emotionen identifizieren – unterliegen wir doch dem Irrtum, wir seien der Körper und nicht die Seele. Diese Identifikation geschieht aus Unwissenheit. Wenn du diese Unwissenheit überwunden hast und nicht länger mit dem Körper identifiziert bist, wirst du keinen Schmerz mehr verspüren oder gar der Schmerz selbst sein – dann wirst du den Schmerz nur noch wahrnehmen. Du wirst einfach Zeuge, beobachtest den Schmerz wie andere Sinneswahrnehmungen auch. Dein Bewußtsein bleibt von den Vorgängen des Körpers unberührt. Wenn diese Verwirklichung stattfindet, ist Paramatman näher als nah. Bis dahin jedoch erscheint er weiter als weit von uns entfernt.

Du suchst Gott überall, doch findest du ihn nicht, denn Er ist dir näher, als du dir vorstellen kannst. Er scheint nur weit entfernt, solange du in Unwissenheit verharrst. Lege die Unwissenheit ab, schüttele deine Identifikation mit dem Körper ab und überwinde ihn, wache auf und sei bewußt; dann wirst du erkennen, daß Gott „näher als nah" ist.

❖

Leben und Gott sind ein und dasselbe. Du bist Gottes Kind. Gott würde niemals alle Türen um dich herum verschließen. Seine unendliche Liebe und Sein Mitgefühl würden Ihm nicht erlauben, so grausam zu sein. Gott läßt immer mehr als eine Tür offen. Sie erscheinen dir vielleicht verschlossen, doch in Wirklichkeit stehen sie einen Spalt offen. Ein leises Klopfen genügt, und sie geben nach.

❖

Auch in der heutigen Zeit könnten Rama, Krishna und Buddha wiederkehren, und dies geschieht auch – doch die Menschen haben keine Augen zu sehen. Suche nicht nach Rama oder Krishna in ihrer früheren Gestalt. Du wirst sie nicht finden in dieser Welt, wenn du erwartest, daß ihr Spiel dasselbe ist wie damals. Sie werden nicht wieder dieselbe Form annehmen. Doch wenn du dich wirklich danach sehnst, ihnen zu begegnen, so kannst du sie auch finden. Gott ist unendlich. Damals ist er in der Form von Rama oder Krishna erschienen. Das alles durchdringende, grenzenlose Bewußtsein mit seiner unerschöpflichen Energie manifestiert sich nun in anderer Form.

Sieh dir diesen wunderbaren Kosmos an, das harmonische Zusammenspiel unseres Planeten mit allen anderen Planeten. Wie
könnte eine so vollkommene Ordnung und Schönheit existieren
ohne eine kosmische Intelligenz, ohne eine universale Kraft, die
alles kontrolliert?

Die Wissenschaft ist immer noch auf der Suche nach dieser
kosmischen Intelligenz. Doch wenn die Wissenschaftler kein
Gleichgewicht zwischen Wissenschaft und Spiritualität herstellen, werden sie das lebenspendende Prinzip nicht ergründen, das
jenseits des Intellekts wirkt. Will man erkennen, was hinter der
äußeren Welt steckt, so muß die innere Welt, der gewöhnlich
keine Bedeutung beigemessen wird, erforscht werden. Nur wenn
du lernst, vom Herzen her zu funktionieren, kannst du wirklich
diese göttliche Kraft in deinem Leben sehen und fühlen.

Ein göttlicher Entschluß steht hinter allem – hinter dem Blühen einer Blume, dem Zwitschern eines Vogels, der Bewegung
des Windes und den Flammen eines Feuers. Es ist die Kraft, die
alles wachsen läßt; die Kraft, die alles erhält. Dieses göttliche
Sankalpa ist die Ursache, die Geburt, Wachstum und Tod aller
Lebewesen zugrunde liegt. Es ist die Ursache der gesamten Schöpfung. Die *shakti* des Paramatman erhält die Welt. Ohne sie würde die Welt aufhören zu existieren. Was immer du also im Leben
erreichst, ist nicht dein, sondern Brahmans Verdienst.

Das Sankalpa des Paramatman liegt einem jeden deiner Siege
sowie deinen Niederlagen zugrunde. Lerne dies zu erkennen; denn
in dieser Erkenntnis liegt der wahre Erfolg im Leben. Das Ziel
des Lebens ist es, das göttliche Prinzip (Sankalpa) in all unseren
Gedanken und Handlungen, in jedem Aspekt des Lebens zu erkennen.

Im Zustand von *jivanmukti* schaust du die Herrlichkeit Gottes, Seine unendliche Macht in allem – nicht nur im Guten und Schönen, nein, auch in allem, was schlecht und häßlich ist. Ohne die höchste Energie könnte nichts existieren. Ohne die vereinigende Kraft der kosmischen Macht, die alles zusammenhält, würde sich die Welt im Nu auflösen. Die höchste Energie ist die stärkste Schaffenskraft.

❖

Verliere niemals den Mut. Verliere niemals deinen Glauben an Gott oder an das Leben. Sei immer optimistisch, in welcher Situation du dich auch befinden magst. Optimismus ist sehr wichtig. Pessimismus ist eine Form von Dunkelheit, eine Form von Unwissenheit, die Gottes Licht aus unserem Leben aussperrt. Pessimismus ist wie ein Fluch, ein trügerischer Fluch, der einem trügerischen Geist entspringt. Das Leben ist vom Licht Gottes erfüllt, doch nur wenn du optimistisch bist, wirst du dieses Licht erfahren. Sieh dir den Optimismus in der Natur an. Nichts kann ihn aufhalten. Jeder Aspekt der Natur trägt unermüdlich seinen Teil zum Leben bei. Pessimismus stürzt dich in noch tiefere Verzweiflung und Dunkelheit. All deine Stärke, all deine Klarheit des Geistes verliert sich, und in der Dunkelheit des Pessimismus fühlst du dich verlassen und isoliert. Optimismus ist das Licht Gottes. Er ist eine Form der Gnade, die dich empfänglicher macht und dich dein Leben mit größerer Klarheit betrachten läßt.

RELIGION

Die Erfahrung des Einsseins mit der inneren Wahrheit ist das Ziel aller Religionen. Warum sollte es überhaupt Religionen geben, wenn eine solche Erfahrung nicht möglich wäre? Jedermann – Menschen aller Nationen, ob reich oder arm, gebildet oder ungebildet – unterliegt dem Eindruck, daß Gott fern und unerreichbar sei. Doch worin liegt der Sinn von Religion oder spirituellen Prinzipien, wenn deren sogenannte Lehrer und Anhänger die Wahrheit nicht erkennen? Es ist nicht abwegig, solche Menschen zu kritisieren, solange diese weiterhin die innere Wirklichkeit ignorieren.

❖

Vertrauen auf Gott verleiht dem Menschen die nötige geistige Stärke, um sich den Problemen des Lebens zu stellen. Glauben an die Existenz Gottes ist eine schützende Kraft. Sie gibt ein Gefühl von Sicherheit und Schutz vor allen negativen Einflüssen der Welt. Auf die Existenz einer Höchsten Macht zu vertrauen und dementsprechend zu leben, das ist Religion.

Karma und *jnana* bedingen sich gegenseitig. Du kannst dich nicht als *jnani* bezeichnen, wenn du nicht zuvor durch die in den Schriften (Veden) erwähnten Übungen die notwendige geistige Reinigung erlangt hast. Es ist nicht möglich, mit einem einzigen großen Schritt den Zustand von Jnana zu erreichen; dies ist nur durch allmähliche und stetige Entwicklung möglich. Es ist wie die Entwicklung eines Kindes. Du kannst nicht erwarten, daß ein Kind innerhalb von ein oder zwei Tagen aufwächst. Das Kind muß in seinem Wachstum verschiedene Stadien durchlaufen; dies geschieht nicht von heute auf morgen.

❖

Manche Sekten behaupten, Befreiung sei nur durch ihren Gott möglich. Das ist eine ausgesprochen engstirnige Einstellung. Sie halten Vorträge auf Marktplätzen, als wenn Gott zum Verkauf stünde. Und wenn du sagst, daß es noch einen anderen Gott als den ihren gibt, werden sie dich schlagen. So etwas ist unzivilisiert.

❖

Es schadet nicht, viele Religionen und Glaubensrichtungen zu haben. Es schadet jedoch, zu denken, daß sie verschieden sind und daß ein Glauben höher und ein anderer geringer ist. Schau nicht auf die Unterschiede, sondern auf ihre Gemeinsamkeiten und die großen Ideale, die sie lehren. Alle Religionen zeigen, wie man Mitgefühl, Liebe, Vertrauen, Nachsicht, Ausdauer, Entsagung und so weiter entwickelt. Das ist das Wichtige.

Spiritualität ist der wahre Name der Religion. Religion ist die äußere Erscheinungsform der Spiritualität im Inneren. Spiritualität ist der wahre Kern der Religion; im Grunde sind sie ein und dasselbe.

❖

Die wesentlichen Prinzipien aller Religionen lehren Liebe, Frieden und Harmonie. Die spirituellen Meister haben niemals Selbstsucht gepredigt, noch haben sie die Menschen dazu ermutigt, einander zu bekämpfen. Die Konflikte und Probleme der heutigen Zeit, die im Namen der Religion ausgetragen werden, sind auf den Mangel an richtigem Verständnis der religiösen Prinzipien zurückzuführen. In diesem modernen Zeitalter leben die Menschen mehr im Verstand als im Herzen. Der Geist schafft Verwirrung. Die Gelehrten liefern Interpretationen; die Menschen glauben diesen verzerrten Interpretationen, und der Kampf beginnt. Genau das geschieht in unserer Gesellschaft. In jeder Religion gibt es Gelehrte, und so mancher, der sich von seinem Intellekt leiten läßt, hört auf sie. Die Gelehrten interpretieren die Lehren der Schriften und die Meister ihrer Religionen, und die arglosen Menschen werden die leichte Beute ihrer Definitionen der Wahrheit und bekämpfen sich am Ende. Die Gelehrten werden zu Führern und verehrten Ratgebern. Ihre Anhänger idealisieren sie und verehren sie als Gott. Doch in Wirklichkeit ist Gott völlig in Vergessenheit geraten. Der wahre Sinn von Religion und religiöser Praxis wird ignoriert. Das Herz allein kann einen Menschen führen. Nur ein wahrer Meister, der im Herzen wohnt, kann Licht auf den Pfad der Religion werfen.

Niemand, der ein echtes Verständnis der wahren Religion besitzt, kann die Religion und die wahren religiösen Meister für das heutige Elend verantwortlich machen, das im Namen der Religion geschieht. Es ist die Schuld der intellektuellen Interpreten, nicht ihrer unschuldigen Anhänger. Die gesamte Verantwortung liegt bei den pseudoreligiösen Lehrern, den sogenannten Fackelträgern der Religion, da sie die Menschen in die Irre führen. Sie wollen anderen ihre eigenen Ideen und bösen Vorstellungen aufzwingen. Ihre Egos sehnen sich nach Aufmerksamkeit, und in ihrer Gier nach Anerkennung bringen sie arglose Gläubige dazu, ihnen zu folgen – ihren Egos zu folgen.

❖

Die intellektuellen Interpreten fast aller Religionen sind entschlossen, andere zu überzeugen. Mit ihrer Entschlossenheit können sie den schwachen Geist der Anhänger jeder Religion leicht überwältigen und so den Sieg über arglose Gläubige davontragen, die schließlich für sie in den Kampf ziehen.

❖

Das äußere Bild der Religion – die religiösen Texte und Schriften – befriedigt den Intellekt, während Spiritualität – das Innere der Religion – wahres Glück und inneren Frieden bringt, da sie die Gedanken zur Ruhe kommen läßt. Das Äußere kann uns niemals vollständiges Glück geben. Früher oder später muß man sich der wahren Quelle im Inneren zuwenden. Intellektuelles Glück vermag uns niemals wahrhaft glücklich zu machen.

Das Äußere der Religion mit all seiner Pracht mag sehr anziehend und verlockend sein. Doch echte Erfahrung findest du darin nicht – eher wirst du sogar in die Irre geleitet. Wenn du dich zu sehr an Äußerlichkeiten bindest, wird das nur zu mehr Schmerz und mehr Problemen führen. Leider haben Menschen nicht die richtigen Augen, um die Realität zu erkennen. Sie fühlen sich weit mehr von der Unwirklichkeit als von der Wirklichkeit angezogen, sie neigen mehr zur äußeren als zur inneren Welt. Sie hängen an ihren Vorstellungen und haben keinen Sinn für anderes. Sie machen sich ihr eigenes Bild von Religion, das von der wahren Religion sehr weit entfernt ist.

❖

Die Wirklichkeit von Religion ist weit von den Vorstellungen der Menschen entfernt. Die sogenannten Gelehrten aller Religionen lehren die Menschen eine von ihnen selbst geschaffene Religion; eine Religion, die ihren eigenen Vorstellungen entspringt und mit wahrer Religion und ihren wesentlichen Prinzipien wenig zu tun hat. Sie täuschen die Menschen, indem sie diese nur den äußeren, nicht aber den inneren Aspekten der Religion folgen lassen. Denn würde die innere Einheit der Religionen offenbart, wäre ihre eigene Bedeutung gemindert, und sie würden keine Beachtung mehr finden. Aus diesem Grund betonen sie nur die äußeren Unterschiede. Und weil sie selbst in ihrem eigenen Denken verstrickt sind, können sie sich die wahren Prinzipien der Spiritualität nicht aneignen. Und wie können sie jemanden Spiritualität lehren, wenn sie diese Prinzipien nicht verinnerlicht haben?

Alle Religionen, die uns dabei helfen, Gott zu verwirklichen, sind gut. Der Weg, der dabei nicht hilfreich ist, kann nicht akzeptiert werden und ist auch keine Religion.

Sobald ein Mensch die innere Bedeutung von Religion verstanden hat, wird er sich von falschen religiösen Führern lossagen. Er wird sich nicht länger ihrer Führung anvertrauen, denn nun weiß er, daß nur der ihn zum wahren Ziel des Lebens führen kann, der frei von Ego ist.

MAHATMAS – WEISE –
HEILIGE

Mit verschiedenen Gedanken, Dingen und Vergnügungen versuchst du deinen Schmerz zu betäuben. So kaufst du dir vielleicht ein neues Auto oder ein neues Haus, oder du findest einen neuen Freund oder eine neue Freundin. Und während du deinen Schmerz fortwährend Schicht um Schicht mit Zerstreuungen verdrängst, verhärtet sich mit zunehmendem Alter dieser Schmerz, wird stärker und subtiler. Du gehst zu einem Psychotherapeuten, doch was kann er tun? Er ist selbst in seinen eigenen Gedanken und Gefühlen gefangen. Er kann dir nur helfen, deinen Schmerz noch mehr zu verdrängen. Der Schmerz bleibt in dir, er läßt sich nicht vertreiben. Wer auch immer versucht, einen anderen von einem solchen Schmerz zu befreien, muß erkennen, daß er keine wahre Heilung oder Änderung bewirken kann, es sei denn, sein eigenes Bewußtsein befindet sich auf einer höheren Ebene als das Bewußtsein des Hilfebedürftigen. Allein die Ebene deines Bewußtseins ist entscheidend. Eine realisierte Seele hat die höchste Ebene des Bewußtseins, hat den höchsten Gipfel erreicht. In ihrer Gegenwart weichen alle Sorgen, und die Wunden der Seele sind auf der Stelle geheilt.

Ein wahrer Guru ist jemand, der das Licht des Wissens oder der Spiritualität entzündet und erhält und dadurch die Unwissenheit zerstört. Ein echter Meister hilft seinen Schülern, ihre negativen Seiten zu erkennen und sie abzulegen. Ein wahrer Meister mißt den *siddhis* keinerlei Bedeutung bei. Ihm stehen alle nötigen Kräfte zur Verfügung. Und doch bleibt er immer einfach und bescheiden. All die ewigen Tugenden wie universelle Liebe, Entsagung, Geduld, Nachsicht und Ausdauer kann man in ihm sehen und erleben. In allen Situationen bewahrt er die gleiche Sichtweise und vollkommenes Gleichgewicht. Kein Jota Selbstsucht ist in ihm. Sein einziger Wunsch ist das Wohlergehen der gesamten Schöpfung. Er findet weder Fehler bei anderen, noch übt er an ihnen Kritik. Frieden und Ruhe sind seine Natur. Niemals läßt er sich vom Zorn übermannen. Wenn du ihn zornig erlebst, so will er damit nur andere korrigieren und leiten. Sein Zorn ist ein anderer Ausdruck von Liebe.

❖

Mahatmas geben durch ihre Demut und ihre dienende Haltung der Welt ein Vorbild, in der Hoffnung, daß andere ihnen folgen werden.

❖

Wenn wir einen Mahatma verehren, verehren wir nicht seinen Körper, sondern die höheren Prinzipien, die sich durch ihn manifestieren. Wir verehren ihn, weil er die Verkörperung dieser Ideale ist. Der Körper ist nur zweitrangig.

Der Guru ist jenseits des Körpers; er ist jenseits des Menschseins.
Er ist die Verkörperung reinen Bewußtseins. In Wirklichkeit ist
er ohne Form und ohne Namen. Da ist keine Person. Nur das
reine Nichts. Wie kann der formlose, namenlose Guru etwas von
dir erhaschen? Wie kann er dich kontrollieren? Er ist einfach da,
und du profitierst von seiner Gegenwart. Wenn du den Guru
wirklich benutzen willst, dann gib dich deinem eigenen Selbst
hin. Dein Selbst ist das gleiche wie des Gurus Selbst.

❖

Die Erfahrung jedes Menschen ist sein Guru. Philosophien sind
gut, aber kannst du wirklich nach diesen Prinzipien leben? Wenn
ja, dann brauchst du nichts anderes zu akzeptieren. Die Menschen reden viel, aber sie tun sehr wenig. Reden und Handeln
sind zwei verschiedene Dinge. Jeder kann tagelang über die ho-
hen Ideale des Lebens sprechen, aber wenn du sein Leben betrachtest, wird sich nur wenig davon in seinen Handlungen widerspiegeln. Solche Leute können der Menschheit keinen großen Dienst erweisen.

❖

In dem Moment, in dem du Verwirklichung erlangst, wirst du
eins mit dem kosmischen Geist. Alles Denken wird zu deinem
Denken. Du wirst zum alleinigen Herrscher aller Geisteswelten,
nicht nur der menschlichen, sondern der gesamten kosmischen
Geisteswelt. Du bist mit allen eins geworden. Ihre Körper mögen verschieden sein, doch du wirst in jedem Körper wohnen.

Der beste Weg, sich von der großen Last der Schuld zu befreien, die wie eine eitrige Wunde dein Inneres vergiftet, ist die vollständige Bewußtwerdung derselben. Dies kann nur in der Gegenwart eines wahren Meisters geschehen. Der Meister zeigt dir die tiefen Wunden, die in dir schwären. Er hilft dir zu erkennen, welch ernsten Schaden diese Wunden in dir anrichten und wie sie dein ganzes Leben zerstören können; und durch seine unendliche Liebe, durch sein unendliches Mitgefühl werden diese Wunden schließlich geheilt.

❖

Kein wahrer Guru wird sofort mit der Unterweisung beginnen, sobald du dich in seinen Ashram begibst. Wenn du Interesse daran hast, dem Weg zu folgen, wird er geduldig warten, bis du reif genug bist, seine Unterweisung zu erhalten. Es hat keinen Sinn, dich zu lehren, Dinge zu tun oder nicht zu tun, solange du nicht wirklich gewillt bist, die Worte des Gurus zu akzeptieren. So wird der Guru dich nicht zwingen oder lehren, etwas zu tun, was du nicht tun willst.

❖

Selbst große Seelen, die den Zustand vollständiger Selbstlosigkeit erlangt hatten, konnten mit all ihrer Bußfertigkeit die Welt nicht zum Guten wenden. Was kann man dann über die machtlosen, begrenzten Menschen sagen, die vollständig unter dem Bann von Selbstsucht und Ego stehen? Anstatt auf andere zu schauen und sie zu kritisieren, versuche dich erst selbst zu korrigieren.

Der Zustand der Erleuchtung liegt in jedem Menschen verborgen, selbst im schlimmsten Sünder, und wartet auf den richtigen Moment, um sich zu zeigen. So ist niemand ein wirklicher Sünder. Nur Atman existiert. Ein Sünder kann nur in der Gegenwart eines großen Meisters Frieden finden. Nur in seiner Gegenwart kann der Geist frei fließen. In dieser Atmosphäre bedingungsloser Liebe schmelzen alle Sünden dahin. Der Damm des Geistes bricht, der verhärtete Verstand und seine Gefühle werden weich und können ungehindert fließen.

❖

Dein Leiden wie dein Glück siehst du im Guru widergespiegelt. Er selbst ist jedoch weder glücklich noch unglücklich. Er ist wie ein Spiegel. Das Ego aber kann keine Gefühle widerspiegeln. Ein Ego ist umwölkt, unklar und schemenhaft. Es kann nichts sehen; es ist blind. Das Ego sieht allein dich, dein kleines Ich.

❖

Anderen etwas aufzuzwingen, das ist die Natur gieriger Menschen. Der Guru kennt nicht die geringste Gier; was sollte er dann für ein Interesse daran haben? Deine Hingabe richtet sich auf dein eigenes Selbst. Der Guru kann nur geben, und er gibt immer weiter. Der Guru braucht die äußeren Dinge nicht, die ihr ihm vielleicht geben wollt. Aufgeben dient deinem inneren Wachstum, deinem eigenen inneren Frieden und deiner eigenen Glückseligkeit. Es dient der Entfaltung deines eigenen kleinen Selbst in das große Selbst.

Die Mahatmas waren und sind große Retter der Menschheit und der gesamten Schöpfung. Selbst wenn sie Tod und Zerstörung bringen, dient das nichts anderem als der Reinigung und der Rettung. Sie sind Bewußtsein. Bewußtsein kann weder töten noch zerstören. Das Ego allein kann töten und zerstören.

❖

Unbeteiligter Beobachter zu sein ist Zeichen der großen Seele. Sie ist wie ein unbeschriebenes Blatt; sie will nicht die Stille mit überflüssigen Klängen stören noch das leere Blatt Papier mit überflüssigen Worten verunstalten. Alles zu beobachten, was geschieht, ohne sich mit seinen Gefühlen und Gedanken einzumischen, entspringt einem Wesen mit einem wahrhaft liebenden Herzen.

❖

Gewöhnliche Menschen sehnen sich nach Ruhm und Anerkennung; deshalb wollen sie die egolosen, reinen und arglosen Heiligen bekämpfen. Aus diesem Grunde erzeugen einige derer, die sich im Zustand der Selbstverwirklichung befinden und sich dafür entschieden haben, in ihrem Körper zu verweilen, ein Ego, um sich zu „wehren". Aber diese Art von Ego ist ein Schatten-Ego, eine Illusion. Es erscheint als Ego, existiert aber in Wirklichkeit nicht. Wenn du genau hinschaust, kannst du sehen, daß kein Ego in ihnen ist. Du kannst entdecken, daß es nicht existent ist. Sie aber erhalten den Anschein eines Egos aufrecht, um die großen, aufgeblasenen Egos zu erschrecken und ihnen zu drohen.

Menschen, die mit sich selbst eins sind, sind immer Fremde für diese Welt. Gewöhnliche Menschen lassen nicht zu, daß sie die Wahrheit sprechen. Sie versuchen sie zu binden und in Ketten zu legen. Aber man kann sie weder binden noch in Ketten legen. Die Welt kann die großen Meister nicht verstehen. Und was die Menschen nicht verstehen können, was über den gewöhnlichen Intellekt hinausgeht, das wollen sie zerstören. Sie betrachten es als fremdartig, unvernünftig und unlogisch. Ihre Egos können es nicht ertragen.

Ein Leben ohne Ego ist ihnen unbekannt; deshalb wollen sie sich solcher egolosen Phänomene entledigen. Sie haben Angst. Sie befürchten, daß solche Menschen ihr Ego und das anderer zerstören. Denn wenn die ganze Welt frei von Ego ist, werden ihre großen, aufgeblasenen Egos nicht mehr existieren. Doch sie wollen, daß das Ego und die Welt für immer existieren, denn ohne Ego und ohne die Welt gibt es für sie keinen Besitz, keine Bereicherung, keine Freude und keinen Genuß. Denn darin besteht für sie der Sinn des Lebens, nicht in der Befreiung vom Ego. Wisset: Die Mahatmas sind nicht hier, um zu zerstören, sondern um zu erschaffen – sie wollen eine positive, gesunde und intelligente Einstellung zum Leben bewirken.

❖

Ein wahrer Meister lehrt dich, alles Geschehen im Leben zu akzeptieren. Er hilft dir, dankbar zu sein für gut und schlecht, richtig und falsch, Freund und Feind, Dankbarkeit zu empfinden für die, die dich verletzen, wie für die, die dir helfen, für die, die dich einsperren, wie für die, die dich aus dem Käfig befreien.

Mit der Hilfe des Meisters kannst du deine dunkle Vergangenheit ebenso wie deine strahlende Zukunft mit ihren tausend Verheißungen vergessen. Mit seiner Hilfe kannst du dein Leben in der Gegenwart mit all ihrer Fülle leben. Er läßt dich erkennen, daß die ganze Natur – jedes Ding, jeder Mensch, und sei es dein Feind – dir hilft, dich zu entwickeln und Vollkommenheit zu erlangen.

❖

Alle großen Meister lehren uns, innerlich frei und unberührt zu bleiben. Sie reagieren niemals. Ihr ganzes Leben dient als lebendes Zeugnis für dieses großartige Lebensprinzip. Vergebung ohne jedes Gefühl von Haß oder Rachsucht ist die Haltung des unbeteiligten Beobachters. Sie entsteht, wenn man frei von allen Bindungen ist. Dies ist nur möglich, wenn man frei von Ego ist. Diese Haltung des reinen Beobachtens stellt sich ein, wenn man den Zustand jenseits der Gedanken erreicht. Gedanken und Ego können nur reagieren.

❖

Für den, der kein Vertrauen in eine höchste Macht oder ein höchstes Ideal besitzt, gibt es kein Entrinnen aus dem Griff des Karmas. Vertrauen auf Gott oder den Guru gibt einem Menschen die unermeßliche Stärke, dem unausweichlichen Karma zu trotzen. Vertrauen auf den Guru oder Gott dient ihm als Waffe und Schutz. Durch dieses Vertrauen werden die Auswirkungen des karmischen Kreislaufs für ihn stark abgeschwächt.

Allein das Vertrauen zu einem vollkommenen Meister hilft dir, dich vom Ego und allen egozentrischen Gedanken loszusagen; nur so kannst du den Tod liebevoll umarmen. Lebe dein Leben in Schönheit. Die Schönheit, die dein Leben durchdringt, manifestiert sich in der Schönheit deines Todes. Diese Schönheit im Leben ist jedoch nur möglich, wenn du dich einem wahren Meister hingibst. Hingabe an einen wahren Meister ist Hingabe an die Gesamtheit der Existenz.

❖

Warum sollte der Guru dich zur Hingabe drängen? Er steht über allen Interessen. Er ist jenseits von Wunsch und Wunschlosigkeit. Er hat keine selbstsüchtigen Motive, weil er über allen Dingen steht.

❖

Die Bestimmung eines jeden Menschen ist es, bestimmte Erfahrungen – ob gut oder schlecht – zu durchlaufen. Doch wenn du den Anweisungen des *satguru* folgst, wirst du alle Prüfungen unbeschadet überstehen.

❖

Um die Welt zu lehren, um die Menschen zu unterweisen und die Dinge zu ordnen, müssen die großen Meister ein Schein-Ego erschaffen. Sie selbst aber befinden sich weit jenseits davon. Tief im Inneren sind sie unberührt, rein, arglos und still.

Hingabe zu einem Meister ist nicht einfach. Sie erfordert Mut. Sie ist wie der Sprung in einen Fluß. Der Meister ist der Fluß. Wenn du hineinspringst, trägt die Strömung dich unausweichlich ins Meer. Da gibt es kein Entrinnen. Du magst dich mühen und versuchen, gegen den Strom zu schwimmen, doch der Fluß ist so stark, daß er dich zwangsläufig zum Meer trägt – zu Gott oder dem Selbst, deiner wahren Wohnstatt. Hineinspringen bedeutet Hingabe. Das erfordert einen mutigen Geist, kann es doch mit dem Tod von Körper und Geist verglichen werden.

Vielleicht tauchst du jetzt nicht ein, weil du noch nicht bereit für den Sprung in die tiefen Wasser des Flusses bist. Im Moment bleibst du vielleicht lieber am Flußufer stehen und genießt die Schönheit des Flusses, die kühle, sanfte Brise, das fortwährende Murmeln des fließenden Wassers, die Macht und den Zauber des Flusses. Das ist gut so. Der Fluß wird dich nicht zwingen, hineinzuspringen; du kannst dort stehen, solange du willst, er wird dich nicht vertreiben. Der Fluß ist einfach da. Er ist immer bereit, dich zu akzeptieren und reinzuwaschen. Doch wenn du einmal den Sprung gewagt hast, bleibt dir keine Wahl mehr; du wirst deine Individualität verlieren, du wirst dein Ego aufgeben müssen. An diesem Punkt verschwindest du und erkennst, daß du in reinem Bewußtsein schwimmst.

Es bleibt dir überlassen, ob du am Ufer verweilen willst. Aber wie lange? Früher oder später wirst du entweder in die Welt zurückkehren müssen, oder du mußt springen. Selbst wenn du in die Welt zurückkehrst, werden Schönheit und Zauber des Flusses so verlockend sein, daß du immer wieder zurückkehrst. Der Tag wird kommen, wo du versucht bist, den endgültigen Sprung zu wagen. Und am Ende wirst du eintauchen – es muß geschehen.

Was du auch über die Großartigkeit des Flusses sagen magst – es ist bedeutungslos, solange du nicht in ihn eingetaucht bist. Sobald du endlich eingetaucht bist, sobald du dich dem Fluß der Existenz überlassen hast, wirst du still werden. Du wirst nichts mehr zu sagen haben. Hingabe macht dich still. Hingabe zerstört das Ego und hilft dir, deine Nichtigkeit und Gottes Allwissenheit zu erfahren. Ego und wahres Wissen sind unvereinbar. Demut ist das Zeichen wahren Wissens.

❖

Solange, bis du erkennst, daß du hilflos bist, daß dein Ego dich nicht retten kann und daß all deine Errungenschaften nichts bedeuten, schafft Gott oder der Guru die nötigen Umstände, damit du diese Wahrheit erkennst.

❖

Du magst bestimmte Vorstellungen vom Leben haben, die du für richtig hältst, doch sie unterscheiden sich zwangsläufig von denen anderer Menschen. Jeder hat seine eigenen Vorstellungen, seine eigenen Gedanken und Gefühle, und jeder denkt, er sei im Recht und alle anderen im Unrecht. Jeder funktioniert so. Der Verstand hat seine eigenen Konzepte entwickelt. Aber verstehe, daß allein der Verstand urteilt. Er kann nicht einfach beseitigt werden. Er schmilzt in der Hitze, die von *tapas* erzeugt wird, und diese Hitze entsteht durch die Unterweisung des Meisters, gepaart mit deiner Liebe und Verbindung zu ihm. Damit dies geschieht, brauchst du ein außerordentliches Maß an Geduld.

Um von Situationen unbeeinflußt zu bleiben, mußt du erst einmal daran arbeiten, dich des bestehenden Schmerzes und der verletzten Gefühle zu entledigen. Doch allein kannst du das nicht tun. Du bist sozusagen ein kranker Patient und weißt nicht genug über deine Krankheit oder ihre Behandlung. Du brauchst einen fähigen Heiler, der tief in dein Innenleben eindringen kann, der deine Probleme klar erkennen und sie beseitigen kann.

❖

Leider gibt es viele aufrichtige Aspiranten, die von sogenannten Gurus tief enttäuscht wurden. Es muß schwer für einen Sucher sein, der enttäuscht und in die Irre geführt wurde, irgend jemandem zu vertrauen. Doch absolutes Mißtrauen ist keine Lösung; es macht dich viel zu negativ und ist nur Ursache weiterer Angst und Besorgnis.

❖

Viele Menschen haben tiefe innere Wunden. Es gibt so viel Leid. Diese Wunden und dieses Leid geben anderen die Macht, dich wieder und wieder zu verletzen. Weder Worte noch intellektuelles Wissen können dich heilen; nur die bedingungslose Liebe und das Mitgefühl, das du in der Gegenwart eines vollkommenen Meisters erfährst, können deine Wunden heilen und dir die nötige Kraft verleihen, weitere Verletzungen abzuwehren. Du wirst nicht länger aufgrund irgendwelcher seelischer Wunden verletzbar sein, und daher wird keine Person oder Situation dir mehr etwas anhaben können.

Ein Satguru, der eins mit der Existenz ist, ist niemandem etwas schuldig; er hat nicht die geringste Verpflichtung. So, wie er ist, ist sein Leben vollständig und vollkommen. Er ist einfach da – als große, göttliche Gegenwart. Ist der unendliche Raum irgend jemandem irgend etwas schuldig? Sind die Sonne, der Wind oder die Meere jemandem etwas schuldig? Sie sind einfach da, und wir profitieren von ihrem Dasein. Was brauchen die großen Meister von uns? Wir sind diejenigen, die ihnen alles verdanken.

Ein Mensch mit gewöhnlichen Augen kann dir nicht helfen. Nur jemand, dessen inneres Auge geöffnet ist, kann dich heilen. Dieser Jemand ist der Satguru. Wenn du aufgrund deiner vergangenen Erfahrungen mit einem falschen Guru das Gefühl hast, niemandem mehr vertrauen zu können, wer ist dann der Verlierer? Nicht der wahre Meister, der bereit ist, dir zu helfen. Für ihn spielt es keine Rolle, ob du dich ihm hingibst oder nicht. Da er in sich vollkommen ist, gibt es für ihn nichts zu gewinnen oder zu verlieren. Er braucht weder Lob noch Bewunderung. Weder drängt es ihn nach Ruhm, noch braucht er irgendwelche Schüler. Der Meister besitzt von allen Wesen den größten Reichtum, das gesamte Universum ist in ihm enthalten. Er ist der Meister des Universums. Seine bloße Anwesenheit erzeugt im Leben eines Schülers eine beständige Welle von Ereignissen, die zur Transformation des Schülers führen. Dabei ist weder Zwang im Spiel, noch stellt der Meister irgendwelche Forderungen. Wenn du ihm vertraust, wird dir das von großem Nutzen sein; wenn du ihm nicht vertraust, bleibst du einfach, wie du bist.

Ein wahrer spiritueller Meister ist jenseits von Geist und Ego. In einem solchen Meister ist alle sexuelle Energie in reines *ojas* umgewandelt, das er zum höchsten Wohle der Welt verwendet. Ein Satguru hat sich vom sexuellen Zentrum, der niedrigsten Existenzebene, in *sat-chit-ananda*, die höchste Existenzebene, begeben.

❖

Alle Begierden sind Teil des Denkens. Wenn das Denken sich aufgelöst hat, gibt es auch keine Begierden mehr. In diesem Stadium bleibt nicht die kleinste Spur von Begierde zurück. Die sogenannten Gurus, die ihre Schüler sexuell und anderweitig ausnutzen oder anderen ihre Vorstellungen aufzudrängen versuchen, sind keine wahren Meister – sie sind weit davon entfernt. Sie identifizieren sich immer noch stark mit ihren Gedanken und Begierden. Ein wahrer Meister hilft seinen Schülern, ihre *vasanas* zu überwinden. Seine Absicht ist es, sie aus der Umklammerung der flüchtigen Freuden und Dinge der Welt zu lösen. Der Meister lehrt den Schüler, der sein Glück bislang in äußeren Dingen gesucht hat, unabhängig zu werden und Glück und Frieden in seinem eigenen Selbst zu finden. Um den Schüler aus der Gefangenschaft in die Freiheit führen zu können, muß der Meister selbst völlig frei von Vasanas sein. Er muß von jeglicher Identifikation mit dem Geist und dessen Begierden befreit sein. Denn wie könnte er seine Schüler emporheben, wenn er selbst noch im Denken mit all seinen Launen gefangen wäre?

❖

Wenn du dich zu jemandem hingezogen fühlst, in dem du einen wahren Meister vermutest, ist es sehr wichtig, daß du dein Unterscheidungsvermögen anwendest. Du fühlst dich vielleicht spontan zu diesem Menschen hingezogen, doch da du noch nicht den Zustand wahrer Weisheit erlangt hast, kannst du dich nicht unbedingt auf deine Gefühle verlassen. Vielleicht bist du nur von den Kräften dieses Menschen fasziniert und glaubst deshalb, daß er deine Bedürfnisse und Wünsche erfüllen kann. Solange deine Intuition kein echter und wesentlicher Bestandteil deines Wesens ist, kannst du deinen Gefühlen nicht immer trauen.

Denke daran, wie viele schmerzhafte seelische Schläge du in deinem Leben erleiden mußtest, bis du schließlich zu einer einzigen großen Wunde geworden bist. Warum? Aufgrund deiner Fehleinschätzungen. Du hast es unterlassen, dein Urteilsvermögen anzuwenden. Karma ist sicher ein Aspekt dabei, aber bedenke: Wieviel Macht deine Vergangenheit auch besitzen mag, viel wichtiger ist dein Verhalten im jetzigen Moment, weil das der entscheidende Faktor für deine Zukunft ist.

❖

Ein selbstverwirklichter Meister weilt in aller Ewigkeit im Selbst, unberührt von den unterschiedlichen Erfahrungen des Lebens. Er existiert jenseits aller Eigenschaften. Sein Sieg über die Gedanken und die Sinne verleiht ihm die unbegrenzte Fähigkeit, sich auf jedwede göttliche Eigenschaft zu konzentrieren und diese vollständig und vollkommen zu verkörpern, indem er ihr auf seine eigene Weise Ausdruck verleiht. Doch schon im nächsten Moment kann er sich zurückziehen, völlig unberührt und ungebunden.

Der Zustand von *jivanmukti* bedeutet nicht, daß die Welt sich auflöst. Die Welt wird weiterbestehen. Nur deine falschen Vorstellungen verschwinden. Gottes Schöpfung besteht weiter; denn du kannst nur zerstören, was du selbst geschaffen hast. Du kannst das Ego zerstören, denn es ist deine eigene Schöpfung. Das Universum ist nicht deine Schöpfung, und deshalb kannst du nichts daran ändern.

❖

Wenn jemand sich damit brüstet, ein Guru zu sein, ohne daß er selbst im Gottesbewußtsein verankert ist, wird er anderen mit seinen Gedanken und Taten nur Schaden zufügen. Er mag in seinem Sprechen, Aussehen und Auftreten einem erleuchteten Meister gleichen – doch vergewissere dich, ob er die ganze Schöpfung gleichermaßen und bedingungslos liebt und wahres Mitgefühl besitzt. Ist das nicht der Fall, so sei wachsam, denn dann ist er zweifellos noch seinem Ego verhaftet. Vielleicht verbirgt er nur sein Ego und gibt sich unschuldig, um Schüler zu gewinnen. Doch sobald er dich in der Hand hat, wird er beginnen dich auszunutzen und dir tiefe Wunden zuzufügen.

Laß dich also nicht auf Anhieb begeistern, wenn du jemanden triffst, der sich als erleuchteter Meister ausgibt, denn Menschen, die so etwas behaupten, können gefährlich sein. Denn wer den Zustand höchster Erkenntnis erlangt, verliert sich im Meer von Sat-chit-ananda. Du verlierst dein begrenztes individuelles Selbst. Für Ansprüche und Erklärungen ist dort kein Platz. Du wirst eins mit dem unendlichen Meer der Glückseligkeit, und statt darüber zu sprechen, ziehst du es vor zu schweigen.

Um die Worte eines wahren Meisters hören, aufnehmen und verarbeiten zu können, müssen wir unser inneres Ohr entwickeln. Die physischen Ohren können Gott nicht hören. Du solltest nicht nur mit einem Teil von dir, nicht nur mit dem Verstand und den Ohren zuhören, sondern mit deinem ganzen Wesen.

❖

Ein Satguru lebt in der Welt mit der selbstlosen Absicht, andere aus der Dunkelheit herauszuführen. In Worten und Taten ist er seinen Schülern und Anhängern stets ein Vorbild. Er ist ein lebendiger Zeuge aller heiligen Schriften der Welt. Ein solcher Meister ist die Verkörperung all der göttlichen Eigenschaften wie Liebe, Reinheit, Selbstaufopferung, Geduld und Nachsicht.

❖

Sobald du den Zustand des Gottesbewußtseins erlangt hast, werden Frieden und Mitgefühl unvermeidlich folgen, denn Liebe und Mitgefühl sind so untrennbar mit dem Gottesbewußtsein verbunden wie das Licht mit der Lampe oder der Duft mit der Blume. Sobald die Lampe entzündet ist, muß sie leuchten, und sobald die Blume sich öffnet, kann sie nicht anders, als ihren Duft zu verströmen. Und wenn dein Herz zur Göttlichkeit erblüht, gehören Frieden und Mitgefühl zu dir wie dein Schatten; und deinem eigenen Schatten kannst du nicht ausweichen. Also suche nach einem Meister, der göttliche Liebe, Mitgefühl und Frieden ausstrahlt, für alle in gleichem Maße – für die gesamte Schöpfung. Denn daran erkennst du einen wahren Meister.

Um einen wahren Meister erkennen zu können, bedarf es eines gewissen intellektuellen Verständnisses der Spiritualität. Ein Kriterium dabei ist natürlich die spontane Liebe und Anziehung, die man dem Meister gegenüber fühlt. Ein Satguru ist unwiderstehlich; die Menschen fühlen sich zu ihm hingezogen wie Eisenspäne zu einem starken Magneten. Die Beziehung zwischen einem wahren Meister und seinem Schüler ist unvergleichlich – es gibt nichts, was ihr gleichkommt. Sie hat eine permanente Auswirkung auf den Schüler. In dieser Beziehung kann der Schüler niemals zu Schaden kommen.

❖

Eine erleuchtete Seele spricht manchmal aus Liebe und Mitgefühl für die Menschen. Doch niemals würde sie verkünden: „Ich bin erleuchtet! Ich führe dich zu Gott, aber nur unter der Bedingung, daß du dich mir hingibst!"

❖

Die *avatare* leben unter den Menschen und nehmen alle Mühen des Lebens auf sich; doch sie sind immer ein Beispiel an göttlicher Liebe, Mitgefühl, Selbstaufopferung und so weiter. Solche Wesen sind für Millionen Menschen überall auf dem Globus eine große Quelle der Inspiration. Die Avatare mögen sich strengen Kasteiungen unterziehen, oder du magst sie meditieren sehen, doch das bedeutet nicht, daß sie das wirklich nötig haben. All ihre spirituellen Übungen sollen nur anderen als Beispiel dienen und sie inspirieren und erheben.

Ein wahrer Meister, der Selbstverwirklichung erlangt hat, bietet sich der Welt an. Alle großen Meister der Vergangenheit, die Heiligen und Weisen aus alter Zeit waren vollkommene lebende Beispiele für unsere höchsten und edelsten Werte.

Manche Menschen sagen: „Warum die Meister der Vergangenheit zitieren oder ihnen folgen? Sie haben doch vor ewigen Zeiten gelebt!" Sie sagen: „Spiritualität und spirituelle Meister müssen sich ändern und flexibler werden; wir leben doch heute in einer ganz anderen Welt." Wer das sagt, sollte erkennen, daß es nur eine Wahrheit gibt. Die Menschen mögen auf verschiedene Weise über die Wahrheit sprechen, doch die Erfahrung ist ein und dieselbe. Die Wahrheit ist bereits erklärt worden. Es gibt keine neue Wahrheit. Nach einer neuen Wahrheit zu verlangen wäre kindisch. Das wäre, wie wenn ein Kind in der Schule zu seinem Lehrer sagt: „Alle Lehrer erzählen immer, daß drei und drei sechs ist. Ich finde es langweilig, mir immer wieder dieselbe alte Antwort anzuhören. Warum kann es nicht einmal eine neue Antwort geben, warum kann drei und drei zur Abwechslung nicht einmal etwas anderes sein?" Vielleicht kann sie auf andere Weise präsentiert werden, aber du kannst nicht nach Belieben eine neue Wahrheit erfinden.

Natürlich sind Bräuche, Ethik und Moral von Nation zu Nation verschieden. Doch es gibt bestimmte universale Prinzipien, die schon seit Jahrhunderten allen Menschen gemeinsam sind. Das Prinzip der Wahrhaftigkeit zum Beispiel hat schon immer Gültigkeit für den einzelnen, die Gesellschaft und die ganze Nation besessen. Ebenso stellen Wahrheit, Frieden, Liebe, Selbstlosigkeit, Selbstaufopferung und Demut allgemeingültige Werte dar.

Ein wahrer Meister ist seinen Schülern immer ein Vorbild. Er verkörpert unsere höchsten Werte. Obwohl über alle Gesetze und Begrenzungen erhaben, muß ein Satguru sich strikt an moralische und ethische Werte halten; denn nur dann kann er anderen als Vorbild dienen. Den Schüler in irgendeiner Weise unter Druck zu setzen wäre schädlich und würde dessen Entwicklung behindern. Wahre Hingabe wächst im Schüler auf natürliche Weise. In seinem Inneren findet eine Veränderung statt. Seine Wahrnehmung und sein Verständnis ändern sich sowie auch sein gesamtes Verhalten. Seine ganze Einstellung zum Leben verändert sich.

❖

Jeder Mensch, auch wenn er noch so grausam und selbstsüchtig ist, ist fähig, Erleuchtung zu erlangen. Diese Fähigkeit schlummert in jedem. Krishna, Rama, Buddha und Christus sind in dir. Die großen Meister können dieses verborgene Licht in dir sehen, das darauf wartet, sich zu zeigen, das darauf wartet, die Mauern des Egos zu durchbrechen.Das Wort „Avatar" bedeutet hinabsteigen. Das unendliche Bewußtsein steigt in die Welt hinab und nimmt eine menschliche Form an, um die Menschheit emporzuheben und zu erretten. Doch dies ist nur die Sichtweise des Schülers, denn das unendliche Bewußtsein kann weder kommen noch gehen. Von woher könnte etwas, das unendlich ist und alles durchdringt, herabsteigen, wohin könnte es aufsteigen? Es gibt nicht einen Millimeter, wo es nicht ist. Ein Auf und Ab gibt es nur für diejenigen, die ihr Einssein mit der höchsten Wirklichkeit nicht erfahren. Wenn du eins mit dem Meer von Sat-chit-ananda bist, gibt es kein Kommen und kein Gehen.

Ein echter Meister tut nichts Besonderes, um Aufmerksamkeit zu erregen; nichtsdestoweniger fühlen die Menschen sich zu ihm hingezogen. Liebe, Mitgefühl und Gelassenheit fließen so selbstverständlich aus ihm, wie Regen sich aus einer Wolke ergießt oder wie Wasser in einem Fluß dahinströmt. Wer durstig ist, fühlt sich zum Wasser hingezogen.

Wenn du aufrichtig und voller Hingabe bist und wenn du genügend Sehnsucht hast, wirst du den vollkommenen Meister finden, und er wird deine Wunden heilen. Deine echte Sehnsucht nach Gotteserkenntnis wird dich zu einem Satguru führen, oder besser gesagt, der Satguru wird in deinem Leben erscheinen.

Doch Vorsicht ist geboten, wenn du ins spirituelle Leben eintrittst. Es gibt Menschen da draußen, die sich auf eine blumige, überzeugende Sprache verstehen, die bedenkenlos alle möglichen Behauptungen aufstellen. Prüfe einen solchen Menschen, ob er göttliche Liebe und Frieden ausstrahlt. Das bedeutet nicht, daß du nicht spirituellen Gesprächen von Gelehrten lauschen sollst. Es ist gut, das zu tun, doch solltest du immer aufmerksam und vorsichtig sein.

Beobachte deinen Geist und deine Gefühle. Laß dich nicht von falschen Behauptungen und Versprechungen verleiten. Wenn du jemanden triffst, der in jedem Augenblick göttliche Liebe, Mitgefühl und tiefen, unermeßlichen Frieden ausstrahlt, der jedem Aspekt der Schöpfung mit Demut und tiefer Verehrung begegnet – gehe zu ihm hin. Göttliche Liebe kann nicht nachgeahmt werden.

❖

Ein Schüler sollte sich in Demut üben, denn Demut bringt den wahren Schüler in ihm hervor. Bevor diese Eigenschaft nicht erweckt ist, kann der Meister nicht wirklich in dein Leben treten. Das Erwachen des Schülers in dir läßt dich dem Meister begegnen. Durch deinen starken Durst nach der Wahrheit wird der Schüler in dir geboren. Die Demut des Schülers – wenn er die Einstellung des absoluten Anfängers hat, wenn er sich seiner Unwissenheit bewußt ist und sie akzeptiert – macht ihn offen und empfänglich für das wahre Wissen, mit dem der Meister ihn dann beschenkt.

❖

Jenen, die bereit sind, ihr Leben zum Wohl der Welt zu opfern, haben wir nichts zu bieten. Nur durch ihre Gnade dürfen wir das einzigartige Geschenk der Gottverwirklichung empfangen. Wir können ihnen nur unendlich dankbar dafür sein, daß sie zu uns gekommen sind und uns helfen, zu der Ebene höchster Glückseligkeit zu gelangen, wo sie selbst in Ewigkeit weilen.

❖

Nur eine brennende Öllampe kann eine andere Lampe entzünden. Eine Lampe, die nicht brennt, kann nichts entzünden. Die brennende Lampe kann beliebig viele Lampen entzünden, und doch bleibt ihre Flamme so groß und so hell wie zuvor, ohne auch nur den kleinsten Bruchteil ihrer Kraft einzubüßen. Ebenso kann nur ein *jivanmukta*, ein erleuchteter Meister, die Göttlichkeit in dir wecken. Er ist die lodernde Flamme, die beliebig viele Lampen entzünden kann, und doch bleibt er immer vollkommen und vollständig.

Das Wort „Avatar" bedeutet hinabsteigen. Das unendliche Bewußtsein steigt in die Welt hinab und nimmt eine menschliche Form an, um die Menschheit emporzuheben und zu erretten. Doch dies ist nur die Sichtweise des Schülers, denn das unendliche Bewußtsein kann weder kommen noch gehen. Von woher könnte etwas, das unendlich ist und alles durchdringt, herabsteigen, wohin könnte es aufsteigen? Es gibt nicht einen Millimeter, wo es nicht ist. Ein Auf und Ab gibt es nur für diejenigen, die ihr Einssein mit der höchsten Wirklichkeit nicht erfahren. Wenn du eins mit dem Meer von Sat-chit-ananda bist, gibt es kein Kommen und kein Gehen.

LIEBE

Liebe läßt alles vergessen. Unsere selbstlose, unschuldige Liebe ist die größte Gabe, die wir dem Herrn geben können.

❖

Reine Liebe ist die beste Medizin für die moderne Welt. Sie fehlt allen Gesellschaften. Die Wurzel aller Probleme, ob persönlicher oder globaler Natur, ist die Abwesenheit von Liebe. Liebe ist der verbindende Faktor, der einigende Faktor. Sie verbindet eine Nation und ihr Volk. Liebe erzeugt ein Gefühl der Verbundenheit, während Haß Zwietracht sät. Egoismus und Haß reißen den Geist der Menschen in Stücke. Die Liebe sollte regieren. Es gibt kein Problem, das nicht mit Liebe gelöst werden kann.

❖

Reine Liebe ist nichts anderes, als den Geist von allen Ängsten zu entleeren und alle Masken herunterzureißen. Sie enthüllt das Selbst, wie es ist.

Wir müssen danach streben, den Intellekt von nutzlosen Gedanken zu entleeren und das Herz mit Liebe zu füllen. Das ist die Lösung für all das Elend und die Verwirrung der modernen Gesellschaft.

❖

Wir alle müssen lernen, in Gleichberechtigung zu leben und einander brüderlich zu lieben.

❖

Der Körper dient als Werkzeug, damit höhere Eigenschaften sich manifestieren können. In Wirklichkeit besitzt Liebe keine Form. Nur wenn Liebe ständig durch eine Person fließt, nimmt sie eine Form an, die für uns erfahrbar ist.

❖

Nur ein völlig losgelöster Mensch kann andere ohne Erwartungen lieben. Anhänglichkeit ist kein Aspekt wahrer Liebe. In wahrer Liebe sind nicht nur die Körper, sondern auch die Seelen vereint. Immer ist das Wissen um die vergängliche Natur des Körpers und die ewige Natur des Selbst gegenwärtig. Anhänglichkeit bindet und zerstört den, der sich bindet, und den, an den er gebunden ist. Diese Anhänglichkeit führt zu mangelnder Urteilskraft und Disziplin. Die Selbstsucht und Anhänglichkeit einer einzigen Person kann die Zerstörung einer ganzen Gesellschaft bewirken.

Reine Liebe beseitigt alle negativen Gefühle, zerstört alle Selbst-sucht. Sie erwartet nichts, aber sie gibt alles. Reine Liebe ist stän-diges Aufgeben – Aufgabe von allem, was dir gehört. Was gehört dir wirklich? Nur das Ego. Die Flamme der Liebe verzehrt alle vorgefaßten Meinungen, Vorurteile und Ansichten, all diese Din-ge, die vom Ego stammen.

❖

Das Ewige und das Nicht-Ewige müssen durch die richtige Ur-teilskraft erkannt werden. Ist die Liebe, die wir in der Welt fin-den, wahre Liebe? Sind wir in der Lage, jemanden selbstlos zu lieben? Tatsächlich handelt es sich nicht um Liebe, sondern um Betrug. Wahre Liebe muß selbstlos sein. Lieben wir nicht im Namen der Begierde?

❖

Wenn reine Liebe kämpft, dann kämpfen nicht Menschen mit-einander. Die höhere Natur kämpft gegen die niedere Natur. Wenn nur Liebe im Spiel ist, kann sie kämpfen und töten, aber gleichzeitig kann sie lieben und unberührt davongehen, denn wer die Liebe verkörpert, der verkörpert auch die Freiheit.

❖

Liebe ist unsere wahre Natur. Da die Liebe uns angeboren ist, gibt es keine Manifestation irgendeiner Art ohne die Macht der Liebe dahinter.

Wir lieben unsere Kinder. Haben wir ebenso viel Liebe für unseres Bruders oder unserer Schwester Kind oder für unseres Nachbarn Kind? Versuchen wir unser Kind unter Einsatz des eigenen Lebens zu retten, wenn es in einen reißenden Fluß fällt? Wenn unser Kind sich in einem brennenden Haus befindet, werden wir uns hineinstürzen? Nein. Denn wir wissen, daß wir dann sterben werden. Nicht einmal unser eigenes Kind lieben wir selbstlos. Lieben wir unsere Frau? Lieben wir nicht ihren Körper, ihr Fleisch? Oder lieben wir das Selbst, das wahre Wesen in ihr? Würden wir sie nicht sogar töten, wenn wir herausfänden, daß sie einen anderen Mann liebt? Wir wollen Glück von ihr, und wenn wir das nicht haben können, ist es auch mit der Liebe vorbei. Liegt uns wirklich ihr Glück am Herzen? Nein, denn wir wollen, daß sie sich unseren Launen und Neigungen entsprechend verhält. Wir wollen, daß sie uns gehorcht. Tut sie das nicht, verschwindet unsere Liebe. Das ist keine Liebe. Uns fällt wahre Liebe sehr schwer, weil wir immer selbstsüchtig und egoistisch sind.

❖

Liebe wohnt im Herzen. Liebe hat nicht mit Logik, sondern mit Vertrauen zu tun. Liebe ist Religion; Logik ist Wissenschaft. Liebe verbindet und vereint; Logik trennt und entzweit. Liebe ist Einheit; Logik ist Vielfalt. Liebe ist tief; Logik ist oberflächlich. Logik kann gelehrt werden, denn sie hat mit dem Kopf zu tun; Liebe jedoch kann nicht gelehrt werden, denn sie ist die Sprache des Herzens. Diese Sprache kann man nicht verbal ausdrücken. Dem Intellekt kann man durch Sprache Ausdruck verleihen, doch die Gefühle des Herzens lassen sich nicht in Worte fassen.

Von Weisheit erfüllte Hingabe ist wahre Liebe. Sie ist vonnöten. Liebe zur Welt und zu weltlichen Dingen ist Liebe auf einer niedrigeren Stufe. Liebe zu Gott ist Hingabe, Liebe der höchsten Stufe. Sie ist reine Liebe. Jeder trägt Liebe in sich, doch sie manifestiert sich erst in all ihrer Fülle, wenn sie auf Gott gerichtet wird.

❖

Wir müssen lernen, alles mit Liebe und Aufrichtigkeit zu tun. Die Gelegenheit, andere zu lieben und ihnen zu dienen, sollte als außergewöhnliches Geschenk, als Segen Gottes erkannt werden. Wir sollten glücklich und dankbar sein, daß Er uns solche Gelegenheiten gibt.

❖

Die Schönheit und Pracht des Lebens hängen ganz und gar von Liebe und Vertrauen ab. Ohne Liebe und Vertrauen beginnt das Leben zu verwesen.

❖

Liebe kann alles und jedes erreichen. Liebe kann Krankheiten kurieren. Liebe kann verwundete Herzen heilen und den menschlichen Geist transformieren. Liebe überwindet alle Hindernisse. Liebe kann uns helfen, aller physischen, mentalen und intellektuellen Anregung zu entsagen und dadurch Frieden und Glück zu finden. Liebe kann eine andere Welt erschaffen, in der du unsterblich und vom Tod befreit bist.

Reine Liebe hat nichts mit dem Körper zu tun. Sie verbindet und vereint den Liebenden mit der Seele des Geliebten. Auch wenn sie als zwei Körper existieren, so bilden sie doch in den Tiefen ihrer Liebe eine Einheit. Sie gleichen den beiden Ufern eines Flusses. Die Ufer sind verschieden; äußerlich betrachtet, sind es zwei; doch im tiefsten Inneren sind sie eins.

❖

Wahre Liebe entsteht nur, wenn alle Bindungen an Menschen, Dinge und persönliche Interessen wegfallen. Dann wird der Kampf zu einem schönen Spiel. Er wird zum selbstlosen Dienst, der sich aus Liebe und Mitgefühl auf die gesamte Menschheit erstreckt. In diesem Kampf wird nicht dein Ego kämpfen, sondern die Liebe. Sie wird das Ego vernichten und es in Liebe verwandeln.

❖

Deine Unschuld und Liebe spielen eine sehr wichtige Rolle, wenn du ein spirituelles Leben führen willst. Empfänglichkeit ist eine Grundvoraussetzung spirituellen Lebens. Empfänglichkeit stellt sich ein, wo innere Liebe ist. Liebe hilft dir, offen zu sein, offen wie ein Kind. Liebe macht dich unschuldig wie ein Kind. Als Kind ist man am empfänglichsten. Empfänglichkeit ist die Kraft zu glauben, die Kraft zu vertrauen, die Fähigkeit Liebe anzunehmen. Sie ist die Kraft, die den Zweifel von deinem Geist fernhält. Empfänglichkeit ist die Fähigkeit, alle Erfahrungen des Lebens hinzunehmen, ohne auf sie zu reagieren.

Leben ist Liebe. In allem Leben zu sehen und zu fühlen ist Liebe. Liebe ist nicht im Mond oder in der Sonne. Im Gegenteil, der Mond ist Leben, die Sonne ist Leben. Leben ist überall. Es gibt nichts als Leben. So ist es auch mit der Liebe. Wo immer Leben ist, da ist auch Liebe und umgekehrt. Leben und Liebe sind nicht zwei, sie sind eins.

❖

Wenn du zur Opfergabe wirst, wenn dein ganzes Wesen sich in einem Zustand fortwährenden Gebets befindet, dann bist du nicht mehr, dann ist nur noch Er. Da ist nur noch Liebe. Gebet kann dieses Wunder vollbringen. Was ist das Ziel der Meditation? Liebe zu werden. Eins zu werden. Und so gibt es keine bessere Meditationstechnik, als zu Gott zu beten und Ihn anzurufen.

❖

Reine Liebe kennt keine Last. Nichts kann reiner, wunschloser Liebe eine Last sein.

❖

Rationales Denken steht der Liebe im Weg. Liebe ist eine unabwendbare, schrankenlose Sehnsucht nach Einheit. Sie ist jenseits von Logik. Rationalisierung zerstört Schönheit. Dichtung, Musik, Malerei, Bildhauerei und Gesang sind von Liebe abhängig. Diese Künste sind ein Ausdruck des Menschen, der sie ausübt, ein Ausdruck seines Herzens.

Liebe ist im wahren Leben unentbehrlich. Vertrauen erfordert Liebe, und Liebe erfordert Vertrauen. All diese Eigenschaften befinden sich im Herzen, nicht im Intellekt.

❖

Solange da noch ein Gefühl von „Ich" ist, hat die Liebe eine persönliche Färbung. Sie spielt sich zwischen zwei Menschen ab. Zur Liebe gehören zwei. Liebe wird erst unpersönlich, wenn die zwei verschwinden. In diesem Zustand der Einheit fließt die Liebe unaufhörlich direkt aus ihrer Quelle.

❖

Liebe und Freiheit sind nicht zwei; sie sind eins. Sie gehören eng zusammen. Ohne Liebe kann es keine Freiheit geben; und ohne Freiheit kann es keine Liebe geben. Ewige Freiheit kannst du erst erlangen, wenn all deine Negativität ausgelöscht ist. Nur im Zustand der Liebe entfaltet die schöne, duftende Blume der Freiheit und höchsten Glückseligkeit ihre Blätter und zeigt sich in voller Blüte.

❖

Eine Beziehung führt zu Bindung, wenn das richtige Verständnis und Urteilsvermögen fehlt. In Wahrheit aber kann eine Beziehung nur solange existieren, wie es eine Wahrnehmung von Zweisamkeit gibt. Sobald die Selbstverwirklichung erlangt ist, gibt es keine Beziehung mehr, weil die Dualität aufgehoben ist.

Liebe kennt keine Gewalt, denn Liebe ist die Gegenwart reinen Bewußtseins. Und diese Gegenwart ist frei von Zwang – sie ist einfach da. Die Erfahrung reiner Liebe ist frei von Bedingungen. Bedingungen sind mit Zwang verbunden. Doch wo Liebe ist, kann es keinen Zwang geben. Bedingungen existieren nur da, wo Trennung ist. Zwang wird nur da ausgeübt, wo Dualität ist, ein Gefühl von „du" und „ich". Zwang übst du nur aus, wenn du den anderen als von dir verschieden wahrnimmst. Zwang kann es jedoch nicht geben, wenn da nur eins ist. In diesem Stadium löst sich jede Vorstellung von Zwang auf.

❖

Wo Liebe ist, gibt es keine Entfernung und keine Trennung. Wo reine und unschuldige Liebe ist, gibt es keinen Unterschied, keine Entfernung.

WAHRHEIT

Reines Bewußtsein ist nicht in Sicht, wenn wir in der Ferne stehen. Wahrheit wird nicht erlangt, wenn wir sie außen suchen. Wahrheit ist Einheit. Suche sie in dir. Wahrheit ist immerwährend, alles andere ist nur von kurzer Dauer.

❖

Die höchste Wahrheit liegt in uns, doch wir erkennen sie nicht. Unser Ego hält uns auf der weltlichen Existenzebene, und darum kennen wir diese Wahrheit nicht.

❖

Die Wahrheit der Welt kannst du nicht erkennen, wenn dein Denken sich nur um die Begrenzungen dreht. Die Welt kann als grobstoffliche Form Gottes gesehen werden. Allein Sein göttliches Spiel wird hier gespielt. Es gibt keinen einzigen Ort, der hier nicht heilig ist. Reinheit und Unreinheit sind unsere Erfindungen.

Wenn du in der Wahrheit Halt findest, kehrt alles andere zu dir zurück. Wahrheit ist alles. Wahrheit ist Gott. In alten Zeiten hat jedermann die Wahrheit praktiziert. Die Frau lebte für ihren Mann und der Mann für seine Frau. Beide ernteten die Früchte der Wahrheit und der Selbstaufgabe. Sie besaßen eine hingebungsvolle Einstellung, Mut, Liebe, Aufrichtigkeit und Gerechtigkeit. Ohne Wahrheit gibt es nichts. Heute aber wird der Eid geschworen: „Ich sage die Wahrheit und nichts als die Wahrheit", und schon das erste Wort, das sie sagen, ist eine Lüge!

❖

Dieselbe Intelligenz, an die du als Wahrheit glaubst, treibt auch andere an.

❖

Weltliche Beziehungen gleichen den Begegnungen an einer Bushaltestelle. Jeder steigt an irgendeiner Haltestelle aus. Du allein wirst zurückbleiben. Suche nach der Wahrheit, ohne dich in Träumen zu verlieren.

❖

Ein spiritueller Mensch sollte nicht nach trügerischen Dingen verlangen. Sein Verlangen sollte nur der Wahrheit gelten.

KREISLAUF DER
EXISTENZEN

Reaktionen sind die Folgen vergangener Taten. Es geht immer weiter. Der Tod ist nicht das Ende; er ist der Beginn eines weiteren Lebens. Während der Kreislauf des Lebens sich dreht, tragen die Taten der Vergangenheit Früchte. Wir können nicht sagen, wann die Frucht kommt, welche Frucht es sein wird oder auf welche Weise sie kommt. Dieses Geheimnis kennt der Schöpfer allein. Hast du Vertrauen, so glaubst du daran; wenn nicht, verneinst du es. Doch ob du daran glaubst oder nicht, die Früchte kommen, das Gesetz des Karmas entfaltet seine Wirkung. Doch versuche nicht, das Wie oder Warum zu analysieren, denn der Kreislauf des Karmas ist so geheimnisvoll wie Gott. Auch Karma ist ohne Anfang, doch es endet, wenn man das Ego abgelegt und den Zustand der Verwirklichung erlangt hat.

❖

Nicht jedermann findet zur gleichen Zeit zur Spiritualität. Verschiedene Menschen erreichen die Straße zur Befreiung zu verschiedenen Zeiten, entsprechend ihrem *samskara*.

Wenn egoistische Gefühle wie „ich" und „mein" aufkommen, beginnt das Gesetz des Karmas in dir zu wirken. Erhebt sich das Ego, so vergißt du Gott. In Taten und Worten wendest du dich gegen die Naturgesetze. All deine Tugenden und guten Eigenschaften wie Anteilnahme, Liebe und Vergebung verschwinden. Dann tritt das Gesetz des Karmas in Kraft. Wenn du beginnst, über der Vergangenheit zu brüten, andere zu kritisieren und zu beleidigen und sie für die Mißgeschicke in deinem eigenen Leben verantwortlich zu machen, wenn du Pläne schmiedest und von einer vielversprechenden Zukunft träumst und dabei vergißt, in der Gegenwart zu leben, dann beginnt das Gesetz des Karmas in dir zu wirken.

❖

Es ist sicher, daß dieses Leben und unser Körper die Folgen des Karmas sind. Aber es gibt einen intelligenten und gesunden Weg, das Karma in unserem Leben wirken zu lassen, einen Weg, der uns ein Leben voll Glück und Freude erlaubt, indem er allen karmischen oder vorbestimmten Erfahrungen entgegentritt.

❖

Dieser Kreislauf wird sich fortsetzen, bis du nicht mehr auf die Gegenwart reagierst, die die Auswirkung der Vergangenheit darstellt. Wenn du die Erfahrungen der Gegenwart als unvermeidlich, als Folge deiner eigenen Taten hinnehmen und ihnen ohne Zorn und Rachegedanken begegnen kannst, dann kommt der Kreislauf des Karmas zum Stillstand.

Vergiß niemals dein wahres Selbst. Vergiß niemals, daß deine wirkliche Existenz in Gott liegt und alles, was du als dein Eigentum betrachtest, vergänglich ist. Wenn das unser Wahlspruch werden kann und wir ihn im täglichen Leben anwenden können, haben wir die intelligenteste Möglichkeit gefunden, unsere karmischen Erfahrungen zu erschöpfen. Vergiß niemals Gott. Vergiß niemals deinen wirklichen Ursprung. Verlasse nie die wirkliche Mitte in dir.

❖

Unsere Taten werden auf jeden von uns, ob gläubig oder ungläubig, zurückfallen. Der Mensch ist ein Opfer seines Karmas oder Schicksals, wie auch immer man es nennen mag. Karma ist wie ein Bumerang – meistens schaffst du es nicht, ihn zu fangen, also trifft er dich. Der einzige Unterschied ist, daß der Karma-Bumerang nicht unbedingt sofort zurückkehrt. Manchmal dauert es eine Weile.

❖

Um den Prozeß der Reinigung zu durchlaufen, muß alle Dunkelheit beseitigt werden. Es geht nicht nur um den Schmutz, der auf der Oberfläche zu sehen ist, den Schmutz, den du bewußt wahrnimmst; es geht auch um den Schmutz, den du nicht siehst, den du nicht bewußt wahrnimmst. Wenn du also den Reinigungsprozeß mit einer Haltung der Selbstaufgabe beginnst, wird natürlich all dieser Schmutz, ob sichtbar oder unsichtbar, ob manifestiert oder unmanifestiert, aufgewirbelt.

Versuche den Kreislauf des Karmas zu vergessen. Es hat keinen Sinn, über die Vergangenheit nachzudenken. Dieses Kapitel ist abgeschlossen. Was geschehen ist, ist geschehen. Bereite dich lieber darauf vor, dich der Gegenwart zu stellen. Brüte nicht über der Vergangenheit oder über vergangenen Taten. Die Gegenwart ist wichtig, denn deine Zukunft hängt davon ab, wie du die Gegenwart meisterst. Nur dann, wenn dein Leben von der ständigen Anwesenheit der Göttlichkeit erfüllt ist, lebst du in der Gegenwart. Bis dahin lebst du entweder in der Vergangenheit oder in der Zukunft.

❖

Unsere Vergangenheit ist nicht nur die Vergangenheit dieses Lebens. Zur Vergangenheit gehören ebenso alle vorigen Leben, durch die wir in verschiedenen Formen und unter verschiedenen Namen gereist sind. In die Zukunft können wir nicht sehen; sie entzieht sich unserer Kontrolle. Wir können nicht vorhersagen, was morgen geschehen wird. Die Wahrheit des Karmas ist daher eher eine Sache des Vertrauens als irgend etwas anderes.

❖

Was wir heute tun, müssen wir mit Vorsicht und Bedacht tun, denn wir wissen nicht, welche Auswirkungen es auf die Zukunft hat. Die Gegenwart findet in diesem Moment statt, und diesen Moment verpassen wir immer wieder. Leben von Moment zu Moment, Leben in Gott, im Selbst allein setzt das Gesetz des Karmas außer Kraft.

Jedes Ereignis im Leben hat eine Ursache. Manchmal ist sie sichtbar, manchmal nicht. Manchmal findet sich die Ursache in der unmittelbaren Vergangenheit, doch in einigen Fällen liegt sie weiter zurück.

❖

Wenn du das Selbst, deine wahre Natur, verwirklicht hast, erfährst du alles über Karma. Auch die Geheimnisse deiner vergangenen Geburten werden dir enthüllt. Die wirst das Geheimnis des gesamten Universums, der gesamten Schöpfung entdecken. Bis dahin stellst du weiter Fragen über Karma und versuchst, deine eigenen Interpretationen und Erklärungen zu finden. Selbstverwirklichung allein wird das Geheimnis aufklären. Doch sobald du Vollkommenheit erlangt hast, wirst du erkennen, daß das wahre Selbst immer gegenwärtig war und ist. Dann wirst du wissen, daß das wahre Selbst weder geboren ist noch sterben wird und zu keinem Zeitpunkt dem Gesetz des Karmas unterworfen ist.

❖

Für den, der nicht an eine höchste Macht oder ein Ideal glaubt, gibt es kein Entrinnen aus dem Griff des Karmas. Vertrauen auf Gott oder den Guru verleiht einem Menschen unermeßliche Stärke für seine Begegnung mit dem unumgänglichen Karma. Vertrauen auf den Guru oder auf Gott dient als Waffe, als Schutzmacht. Auch wenn der karmische Kreislauf nicht aufzuhalten ist, so werden doch seine Auswirkungen durch dieses Vertrauen erheblich abgeschwächt.

Die Leiden und Probleme, die du im Leben eines Menschen miterlebst, beschleunigen nur seinen Reinigungsprozeß. Durch die Ausschaltung der sichtbaren wie der unsichtbaren Vasanas werden karmische Bindungen aufgehoben.

❖

Ein wahrer Sucher versenkt sich mit all seiner Energie tiefer und tiefer in sein eigenes Bewußtsein. Die Früchte seiner Taten kümmern ihn nicht. Völlig dem Göttlichen hingegeben, konzentriert er sich voll und ganz auf seine spirituellen Übungen. Er läßt die Dinge einfach auf natürliche Weise geschehen; er kämpft nicht dagegen an. Er weiß, daß sein Karma einem Pfeil gleicht, der bereits vom Bogen abgeschossen wurde. Der Pfeil muß ins Ziel treffen. Selbst wenn der Pfeil ihn verletzt oder sogar tötet, kümmert ihn das nicht. Er weiß, daß er sich allem stellen muß, was ihm begegnet, selbst wenn es Schmerzen bereitet. Er will nicht vor seinem Karma fliehen, denn er erkennt es als Reinigungsprozeß. Diesen Prozeß möchte er beschleunigen. Er weiß, daß Gegenwehr und Reaktion die Kette des Karmas verlängern; deshalb bewahrt er Ruhe.

❖

Manche Menschen besitzen von Natur aus ein großes Talent für Musik, Mathematik oder Wissenschaft, auch wenn sie keine besondere Ausbildung in den entsprechenden Bereichen erhalten haben. Dies ist eines der vielen Geheimnisse unserer vergangenen Leben.

Während das Rad des Karmas sich dreht, kommt die Zeit der Wiedergeburt für die Einzelseele. Dieser wechselvolle Kreislauf, in dem das Ego sich manifestiert und die Unschuld in den Hintergrund tritt und umgekehrt, setzt sich so lange fort, bis wir uns Gott zuwenden und das Ego bis zu seiner Wurzel beseitigt ist. Wenn das Ego vollständig ausgelöscht ist, werden wir zum bewußt unschuldigen Wesen; wir werden unschuldig für alle Ewigkeit. Bis zu diesem Erlöschen des Egos müssen wir den Zustand unbewußter Unschuld in zahllosen Existenzen durchleben.

❖

Die Früchte unserer Taten, die wir in früheren Leben vollbracht haben, werden auch als Schicksal bezeichnet. Das Schicksal kann verändert und transformiert werden durch Selbstbemühung, das heißt durch aufrichtiges Gebet und Meditation.

❖

Die Befreiung von der Fessel des Kreislaufs von Geburt und Tod wird weder nach dem Tode erlangt, noch wird sie uns in einer anderen Welt zuteil. Dieser Zustand vollkommenen Bewußtseins und Gleichmuts kann hier und jetzt in dieser Welt und in diesem Körper erlebt werden. Manchmal jedoch verleihen die großen Meister einigen ihrer Schüler das Wissen vom Selbst zu dem Zeitpunkt, wo diese ihren Körper verlassen. Da sie die höchste Wahrheit im Einssein mit dem Atman erfahren haben, sind solche glücklichen Seelen von der Wiedergeburt befreit. Sie gehen in das unendliche Bewußtsein ein.

Wenn dieses Leben wahr ist, so ist auch das Leben nach dem Tode wahr. Wir existieren jetzt, also haben wir auch vorher existiert und werden danach weiter existieren. Auch nach unserem Tod werden die Vasanas im feinstofflichen Körper dasein. Doch ohne den grobstofflichen Körper können wir uns nicht den Vasanas entsprechend verhalten. Darum tritt der *jiva* in einen grobstofflichen Körper ein, der ihm angemessen ist.

❖

Wenn Jivanmukti erlangt ist, hast du im Moment des Todes nicht das Gefühl, daß du von deinem Körper getrennt bist oder deine Identität verlierst, weil deine Identifikation mit dem Körper bereits vor dem physischen Tod zu existieren aufgehört hat. In anderen Worten: Du bist zwar körperlich tot, lebst aber dennoch in dieser Welt. Dieser höchste Zustand wird *moksha* genannt, Befreiung von allen Bindungen an den Körper. Dieses höchste Ziel muß während des Lebens selbst erreicht werden.

❖

Das gesamte Universum in all seiner Schönheit ist ein Segen. Einen menschlichen Körper zu haben ist ein ganz besonderer Segen.

NATUR

Alles Leben bewegt sich in Kreisläufen; das gesamte Universum ist ein Kreislauf. Wie die Erde sich in regelmäßigem Kreislauf um die Sonne bewegt, so ist auch die gesamte Natur diesem Muster unterworfen. Die Jahreszeiten ziehen ihren Kreis: Frühling, Sommer, Herbst, Winter, dann wieder Frühling und so fort. Aus dem Samen entsteht der Baum, der wiederum neue Samen hervorbringt, die dann zu Bäumen heranwachsen. Es ist ein ständiger Kreislauf wie Geburt, Kindheit, Jugend, Alter und Tod, gefolgt von erneuter Geburt. Die Zeit verläuft im Kreis, nicht linear. Karma und seine Folgen werden unausweichlich von jedem Wesen erlebt, bis der Geist zur Ruhe gekommen und Zufriedenheit im eigenen Selbst gefunden ist.

❖

In alter Zeit wurde die Atmosphäre durch die Ausübung vedischer Rituale und Opfer gereinigt. Heute jedoch existieren solche Bräuche nicht mehr, und die Atmosphäre ist verschmutzt. Die Menschen leben im Widerspruch zu den Naturgesetzen.

Mit Ausnahme des Menschen erweist die gesamte Schöpfung dem Schöpfer ihre Dankbarkeit für den unendlichen Segen, den er über ihr ausschüttet. Selbst Vögel und Tiere leben ihr Leben in Dankbarkeit. Ob im Pflanzen- oder im Tierreich, nichts weicht von seiner inneren Natur ab. Alles lebt im Einklang mit den Naturgesetzen. Nur der sogenannte intelligente Mensch bricht diese Gesetze und stört die natürliche Harmonie, stört das Leben anderer Lebewesen und Geschöpfe.

❖

Durch konzentriertes Rezitieren eines Mantras gibst du der Natur eine gute Chance. Durch übermäßiges Wohlleben und frevelhaftes Handeln der Menschen ist heute der Einklang mit der Natur verlorengegangen. Wir haben die Naturgesetze gebrochen. Alles wird vom menschlichen Geist bestimmt. In alter Zeit, als die Menschen wahrhaftig und gutherzig waren und mit echter Liebe und Aufrichtigkeit zusammengearbeitet haben, hat die Natur sie mit Wohlwollen bedacht. Regen fiel dann, wenn er vonnöten war, und genau im richtigen Maß. Die Sonne schien in gleicher Weise. Es war ein vollkommener Gleichklang zwischen Mensch und Natur.

Doch heute haben die Dinge sich geändert. Überall herrscht Chaos und Verwirrung. Die Menschen verhalten sich, wie sie wollen. Moral, Rechtschaffenheit, Wahrhaftigkeit, echte Liebe, Vertrauen und Aufrichtigkeit sind verlorengegangen. Das Gleichgewicht ist gestört. Nicht länger erweist die Natur den selbstsüchtigen Menschen ihre Gunst; jetzt setzt sie sich zur Wehr. Dies stellt eine große Bedrohung für die Menschheit dar.

Die vereinten Kräfte des menschlichen Intellekts und der modernen Wissenschaft mit all ihren Waffen können den Lauf der Natur nicht aufhalten. Rettung wird uns nur zuteil, wenn wir uns ändern. Meditation, Gebet, Rezitation und andere spirituelle Übungen sind die einzige Rettung. Dies stellt keine Strafe dar, sondern ein Mittel, mit dem Gott uns zum Denken, Unterscheiden und Handeln bewegen will. Wenn wir uns nicht ändern, pflastern wir den Weg unseres eigenen Untergangs.

Die verlorene Harmonie des menschlichen Geistes kann nur mit einer selbstlosen Haltung, unterstützt durch Gebet, Meditation und Rezitieren von Mantras, wiedererlangt werden. Zuerst muß die Harmonie des menschlichen Geistes wiederhergestellt sein, dann wird die Harmonie der Natur sich unmittelbar wieder einstellen. Wo Konzentration ist, da ist auch Harmonie.

❖

Niemand kann bestreiten, daß die Atmosphäre in hohem Grade verschmutzt ist. Die Menschen haben diese Verschmutzung durch ihre egozentrischen Gedanken und Handlungen verursacht. Die Atmosphäre ist voll giftigem Rauch und Abgasen. Das schlimmste Gift jedoch sind der Menschen selbstsüchtige und niederträchtige Gedanken. Das Gleichgewicht der Natur ist dahin. Mit Hilfe von *yagas* und *yagnas* kann diese verlorene Harmonie erneuert und wieder aufgebaut werden. Diese Opfer helfen die Ordnung der Natur wiederherzustellen und die Atmosphäre zu reinigen. Es ist die Pflicht des Menschen, der Natur zu dienen und sie zu erhalten; dafür versorgt sie uns mit allem, was wir brauchen.

Durch ihre schlechten Gedanken und Taten übertreten die Menschen die Naturgesetze und bereiten den Weg ihres eigenen Untergangs. Selbst Tiere, leben sie doch im Einklang mit der Natur, sind besser als die meisten Menschen.

❖

Im Anfangsstadium ist es vorteilhaft für den spirituellen Fortschritt, Meditation und Gebet auf die Abendstunden zu verlegen, besonders nach Mitternacht, wenn die ganze Natur schläft.

❖

Gott wohnt in allem. Nirgends steht geschrieben, daß Gott nur im Menschen wohnt, nicht aber in Tieren oder anderen Lebensarten. Er ist in den Bergen, den Flüssen, den Tälern, den Bäumen. Er ist in Vögeln, Wolken, Sternen, Sonne und Mond, überall. Gott wohnt in den beweglichen wie in den unbeweglichen Dingen. Wie kann ein Mensch, der das erkannt hat, töten und zerstören?

❖

Die Natur der Dinge in der Welt wird in Übereinstimmung mit unseren Handlungen sein. Unser Charakter wird die Ursache von Gut und Böse in der Welt sein. Mit diesem Wissen solltest du Vorsicht in deinem Leben walten lassen. Die Handlungsweise der Menschen ist die Basis für die Güte, die Mutter Natur uns entgegenbringt.

Du denkst vielleicht, daß Menschen, im Gegensatz zu Pflanzen, sprechen, laufen, handeln, denken und fühlen können. Da du Pflanzen für leblos hältst, hast du keine Bedenken, sie zu schneiden, sie zu vernichten und dich ihrer für deine eigenen selbstsüchtigen Ziele zu bedienen. Doch alles in der Natur dient einem bestimmten Zweck. In der Schöpfung gibt es kein Versehen. Alles ist wohl berechnet und genau bemessen, in vollkommener Ausgewogenheit.

❖

Die Natur ist wie ein Textbuch, aus dem wir lernen müssen. Jedes Ding stellt eine Seite in diesem Buch dar. Ein jedes Ding in der Natur lehrt uns etwas. Verzicht und Selbstlosigkeit sind die größten Lektionen, die wir von Mutter Natur lernen können. Die Natur opfert sich für den Menschen auf, während der Mensch die Natur nicht nur ausnutzt, sondern sogar zerstört. Dennoch dient uns die Natur, wie auch die Erde, wie Sonne, Mond und Sterne uns dienen. Und womit vergelten wir ihren selbstlosen Dienst? Wir fügen ihr nichts als Schaden zu. Die unintelligenten Wesen und Dinge der Welt besitzen kein Denkvermögen, selbstlosen Dienst leisten sie nur sich selbst und den Menschen. Menschen besitzen Urteilsvermögen, und doch sind sie äußerst selbstsüchtig. Sie begleichen nicht einmal, was sie der Natur schulden.

❖

Erfreue dich an der Schönheit der Natur in dem Bewußtsein, daß alles in ihr ein Ausdruck des Göttlichen ist.

99

Blicke auf die Schönheit der Natur. Ein Leben im Einklang mit der Natur wird dich zu Glück und Zufriedenheit führen.

❖

Durch den Einsatz künstlicher und sogenannter moderner Mittel wachsen Größe und Ertrag von Wurzeln, Gemüsen und anderen Pflanzen auf das Zwei- bis Dreifache des normalen Maßes. Die Menschen, die davon essen, werden mit Sicherheit körperlich, geistig und intellektuell Schaden erleiden. Die Kinder, die ihnen geboren werden, sind ebenso betroffen. Heutzutage ist nichts normal. Auch die Menschen sind auf unnatürliche Dinge aus. Sie können nicht natürlich sprechen oder handeln. Darum haben sie ihre Pracht und Herrlichkeit verloren. Die Atmosphäre ist völlig unrein geworden. Auch mit der Gesundheit der Menschen geht es schnell bergab. Nur durch Spiritualität läßt sich der natürliche Zustand von Mensch wie Natur wiederherstellen.

❖

Der Mensch ist in seiner Existenz von der Natur abhängig. Die Natur ist ein unersetzlicher Bestandteil des Erdenlebens. Ohne die Natur kann kein Geschöpf leben, weder der Mensch noch andere Wesen. Daher gehört es zu unseren vornehmsten Pflichten, liebevoll für alle Lebewesen zu sorgen. Vielleicht hast du das Gefühl, einen Baum oder eine Pflanze zu zerstören sei weniger schlimm, als einen Menschen zu töten. Doch diese Einstellung ist falsch. Auch Pflanzen und Bäume haben Gefühle und können Angst verspüren.

Obwohl die Tiere keinen urteilenden Intellekt besitzen, leben sie im Einklang mit den Naturgesetzen. Doch die sogenannten vernunftbegabten Menschen brechen diese Gesetze fortwährend und führen ein niedrigeres Leben als die Tiere. Der menschliche Geist hat seine Harmonie verloren. In alter Zeit wurde diese Harmonie durch spirituelle Bräuche und rechtschaffene Lebensweise aufrechterhalten. Damit ist es nun vorbei, und die Natur beginnt darauf zu reagieren.

Wenn Bäume verschwinden, nimmt auch der Regen ab. Und wenn der Regen kommt, so kommt er zur falschen Zeit. Ebenso verhält es sich mit der Sonne; sie scheint entweder zuviel oder zuwenig. Die Ursache all dessen liegt in dem falschen Verhalten der Menschen; kein anderer trägt daran die Schuld.

TOD

Die Angst vor dem Tod vergeht, wenn wir zu der Überzeugung gelangen: „Ich bin unsterblich."

❖

Ein weiser Mensch erwirbt, während er „im Leben" lebt, geistige und spirituelle Stärke, um auch „im Tod" oder über den Tod hinaus in Ewigkeit zu leben. Aus der Sicht seines Egos stirbt er. Wenn er erst einmal seinem Ego entstorben ist, gibt es keine Persönlichkeit mehr, und niemand kann mehr sterben. Solche Menschen sind so sehr von Leben erfüllt, daß sie den Tod nicht kennen. Da sie den Tod überwunden haben, gibt es für sie nur Leben – pulsierendes Leben überall. Sie werden zur ureigensten Essenz des Lebens. Tod ist ein unbekanntes Phänomen; für sie existiert er nicht. Der Tod, wie wir ihn kennen – das Vergehen des Körpers –, mag ihnen zwar widerfahren, doch ist er für sie nur ein Übergang. Der Tod des Körpers ängstigt sie nicht. Im Leben wie im Tod bleiben sie diese Essenz des Lebens, die eine andere Form annimmt, wenn sie es wünschen.

Der Tod ist nur eine Veränderung, wie alle anderen Veränderungen auch. Alle Wesen auf dieser Welt werden entsprechend den Früchten ihrer Taten geboren. Sie leben hier voll Stolz, denken „mein" Reichtum, „meine Frau" und so fort. Und alle sterben bei dem Versuch, ihre Wünsche zu erfüllen. Am Ende sind wir gezwungen, zu gehen und alles zurückzulassen, was wir als unser eigen betrachten. Gott allein weiß, wie lange wir hier verweilen. Unser aller Existenz liegt in Gott. Wenn der Jiva, der das Handeln unseres Körpers bewirkt, uns verläßt, bleibt ein lebloser Körper zurück. Das nennen wir Tod. Doch Tod bedeutet nicht völlige Zerstörung des Körpers. Er ist die beginnende Zersetzung der fünf Elemente, aus denen der Körper besteht, mit dem alleinigen Ziel, sich wieder mit ihrem Ursprung zu vereinigen. Diese Veränderung hat nichts mit der Seele zu tun, die unverändert weiterbesteht.

❖

Zum Zeitpunkt des Todes verabschiedet sich jegliche Vernunft. In diesem Moment erweist sich die Unzulänglichkeit derer, deren Mut vorgetäuscht ist.

❖

Die Angst davor, daß der Tod dir alles nimmt, läßt dich nach einem Ausweg suchen. Die Suche führt dich letztlich zum wahren Weg, zum spirituellen Weg. Deine Suche nach einem Weg, den Tod zu bezwingen, bringt dich schließlich zu deinem wahren Selbst.

Wer geboren ist, wird auch sterben. Doch wer Gott kennt, hat eine andere Einstellung zum Tod. Er hat keine Angst vor dem Tod. Statt dessen heißt er den Tod willkommen. Denn er geht nicht in die Welt des Todes, sondern in die Welt Gottes ein.

❖

Die nächste Geburt wird von den Gedanken bestimmt, die man im Moment des Todes hat. Der Jiva wird immer wieder einen Körper annehmen, bis alle Wünsche ausgelöscht sind. Gewöhnlich tritt der Jiva über den Atem oder über Nahrungsmittel in andere Körper ein. Ihrem Karma entsprechend nehmen einige Jivas nach dem Tod ohne langes Zögern einen anderen Körper an. Andere wandern umher. Für sie führen die Hinterbliebenen Rituale durch. Durch konzentriertes Rezitieren bestimmter Mantras wird es den umherwandernden Jivas ermöglicht, ihre Wanderung zu beenden und zu einer höheren Geburt zu gelangen.

❖

Spirituelle Praxis ist nur möglich durch das Wissen, daß der Atman, das Selbst, nicht verletzt oder getötet werden kann. Nur das Wissen vom Selbst führt zum Stadium vollständiger Furchtlosigkeit. Der Körper muß sterben, weil alles, was geboren ist, sterben muß. Doch der Atman ist nie geboren worden, er war immer da; er ist und wird immer sein. Es gibt nichts anderes als den Atman, das Selbst; daher kann es nicht zerstört werden. Dieses Wissen kann dich vollständig von der Umklammerung des Todes und aller damit einhergehenden Angst befreien.

Das Leben ist voller Elend und Angst vor dem Tod. Niemand kann diesen Unabänderlichkeiten entgehen. Doch ein mutiger Mensch kann ein glückliches Leben führen. Ein Mensch, der Tod, Verlust und Kummer fürchtet, kann niemals glücklich sein. Furchtlosigkeit entsteht nur durch religiöse Praxis. Ein wahrhaft religiöser Mensch fürchtet weder Tod noch Verlust. Er lebt für die Wahrheit und atmet für die Liebe.

❖

Denke daran, in jedem einzelnen Moment ist die große Bedrohung des Todes gegenwärtig. Wenn wir das erkennen, so ist das ein Schlag für unser Ego. Spüren wir die unmittelbare Gegenwart des Todes, wird uns das helfen, in der Gegenwart zu leben. Es wird uns helfen, uns um andere Menschen zu kümmern. Deine Energie kann nur dann richtig geleitet werden, wenn du die Notwendigkeit dafür erkennst. Du mußt dir bewußt werden, daß du deine reiche Energie verschwendest und daß sie für höhere Ziele im Leben eingesetzt werden sollte. Du kannst deine Arbeit im selben Bereich weiterführen, aber du kannst eine äußerst inspirierende Kraftquelle werden, wenn deine Energie in den richtigen Bahnen fließt.

❖

Die Bedrohung durch den Tod ist die größte Bedrohung für unser Ego. Sie ist immer da; wir nehmen sie jedoch nicht wahr. Wir hören nicht des Todes leisen Schritt. Darum beharren wir auf unseren Absichten und wollen unser Verhalten nicht ändern.

Angenommen, jemand stirbt, nicht in deiner Familie, sondern in der Familie eines Freundes. Du besuchst deinen Freund und versuchst ihn zu trösten. Du sagst zu ihm: „Sei nicht traurig, mein Freund. Das gehört zum Leben; wir alle müssen eines Tages sterben. Doch denke daran, daß die Seele ewig ist – nur der Körper vergeht." Das kannst du sagen, weil du Abstand von der Situation hast. Aber wenn in deiner eigenen Familie jemand stirbt, wirst du eine andere Einstellung dazu haben. Dann wirst du leiden, weil es dir nahegeht. Ein berühmter Chirurg, der schon Tausende von Operationen durchgeführt hat, würde auch nicht seine eigene Frau oder sein Kind operieren wollen, weil er zu sehr an ihnen hängt. Wenn jemand aus seinem engeren Familienkreis eine Operation benötigt, wird er, auch wenn er noch so viel Erfahrung besitzt, die Operation einem anderen Chirurgen überlassen. Ebenso kann ein Psychologe sich nicht selbst analysieren oder beraten, weil er mit seinen eigenen Problemen viel zu sehr identifiziert ist; also wird er einen anderen Psychologen konsultieren. Ein *jivanmukta* aber nimmt einfach nur alles wahr, was um ihn herum geschieht. Er mag seinen Gefühlen Ausdruck verleihen, doch ist er nicht an sie gebunden. Er ist da – absolut präsent – und ist doch nicht da.

Nur wenn wir die Unvermeidlichkeit unseres eigenen Todes erkennen, verspüren wir den Drang, inneren Frieden und wahres Glück zu suchen. Um ein Leben in Glück und Frieden zu führen, muß man deshalb sterben lernen. Doch leider wissen wir nicht, wie man in Frieden stirbt.

Der Mensch möchte ewig leben. Niemand möchte sterben. Die Menschen wollen leben und immer weiterleben. Sie haben den Drang, an allem festzuhalten. Sie wollen nichts verlieren. Nirgendwo in der Welt kann man lernen, wie man stirbt; wie man dem Ego, den Bindungen, Zorn, Angst und allem anderen entkommt, das einen von vollkommenem Frieden fernhält. Der Mensch begreift nicht, daß er in dem Prozeß des Besitzens, Beherrschens und Gewinnens unbewußt verliert. Er nähert sich immer mehr einem großen Verlust, einem Verlust, den er nie wiedergutmachen kann. Er verspielt die Möglichkeit, den Kreislauf von Geburt und Tod zu durchbrechen; dies ist der eigentliche Sinn des Lebens in menschlicher Form.

❖

In der ganzen Welt sterben Menschen in großem Schmerz, in großem Kummer und Leid. Der Tod gehört zu den unerträglichsten Schmerzen. Niemand will Schmerz erleiden; daher wird der Tod gefürchtet. Alle wollen an dieser schönen Welt festhalten, an ihrem Körper, ihrem Reichtum, ihren Freunden und Verwandten, ihrem Zuhause und so fort. Der Gedanke, daß der Tod ihnen all diese Dinge entreißt und zunichte macht, ist äußerst schmerzvoll für sie. So sterben sie in Schmerz und Kummer, weil sie diese Dinge nicht aufgeben wollen. Sie halten am Leben fest, und dies führt zu einem großen inneren Kampf. Dieser Kampf ist die Ursache großen Schmerzes beim Tod, da die Menschen nicht bereit sind loszulassen. Bei vielen ist der Moment des Todes von Unbewußtheit, Kampf und Konflikt erfüllt, und ein hilfloses Ankämpfen gegen den Tod findet statt.

Unser grobstofflicher Körper ist von einer sehr subtilen Hülle umgeben. All unsere Gedanken sind in diese Schicht eingeprägt. Ähnlich wie ein Kassettenrecorder zeichnet diese Hülle alle Taten auf, die wir geistig, verbal und körperlich während unseres Lebens begehen, wodurch sich eine gedankliche Hülle formt. Nach dem Tod, wenn wir den Körper verlassen, steigen die Gedanken und ihre Hülle mit dem individuellen Selbst empor. Den vollbrachten Taten entsprechend begibt sich jeder Jiva auf eine bestimmte Ebene. In diesem Stadium besitzt der Jiva keinen grobstofflichen Körper. Doch auch dann verspürt er noch Hunger und Durst. Er hat eine Menge unerfüllter Wünsche, kann sie jedoch nicht erfüllen. Einige jivas greifen andere Lebewesen an, um sich ihre Wünsche zu erfüllen. Indem sie durch ihren Atem in sie eindringen, zerstören sie ihr Bewußtsein. Danach zwingen sie ihnen ihren Willen auf. Aber sie können einem toten Körper kein Leben einhauchen. Ein solcher Angriff ist nur bei Wesen mit schwachem Charakter möglich.

❖

Der Tod ist eine Kunst, die man lernen und praktizieren muß. Diese Kunst kann man nur lernen, wenn man sein Ego losläßt. Sie kann nur durch das Praktizieren der Meditation erlernt werden.

❖

Mit jedem Geburtstag kommen wir dem Tod einen Schritt näher. Also ist es auch ein Todestag. Geburtstage sind ein Hinweis auf den Schicksalstag oder auf den Moment des Todes selbst.

Lerne den Tod zu akzeptieren, heiße ihn willkommen, begrüße ihn. Sei freundlich zum Tod, und der Tod wird dein Freund. Sobald du gelernt hast, den Tod zu empfangen, wird alle Furcht verschwinden, und du beginnst in wahrem Frieden zu leben.

❖

Stirb nicht unbewußt. Versuche, bewußt zu sterben. Wenn du lernst, bewußt zu sterben, kannst du entscheiden, was, wo und wie du in deinem nächsten Leben sein willst. Und wenn du gar nicht in diese Welt zurückkehren willst, so ist auch das möglich.

❖

Wirklich ist der Tod nur, wenn du den Tod deines Körpers miterlebst. Der Mensch ist Bewußtsein und muß daher lernen, im Leben wie im Sterben bewußt zu sein. Sobald du zu sterben gelernt hast, kannst du über Geburt und Tod bestimmen. Es liegt vollständig in deiner Hand.

❖

Nur ein Mensch, der ein Leben von Moment zu Moment führt, kann völlig frei von Angst sein. Er allein kann den Tod in Frieden umarmen. Dieses Leben im Moment ist nur durch Meditation und spirituelle Übungen möglich. Wo Ego ist, da ist Angst vor dem Tod. Sobald das Ego überwunden ist, verschwindet gleichzeitig die Angst vor dem Tod. In diesem Zustand wird der Tod zum Anlaß großer Feierlichkeit.

Der Moment der Offenbarung, den so viele große Seelen erfahren haben, kann auch dir widerfahren. Jeder wird darauf vorbereitet, diesen letzten Zustand zu erlangen, wo er alle weltlichen Bindungen, alles Ego hinter sich läßt. Dies muß geschehen, denn es ist das Endstadium der Evolution. Du kannst es nicht vermeiden. Noch kannst du es versuchen, ob bewußt oder unbewußt, aber früher oder später mußt du alles loslassen, deinen Besitz, deinen Reichtum, deinen Körper, alles, was du als dein eigen betrachtest. Du denkst, daß dein Leben ewig währt. Doch die Bewußtheit wächst mit jedem Moment, auch ohne dein Wissen. Die endgültige Bestimmung aller Seelen ist es, von allem abzulassen, das Frieden und Glück im Wege steht. Wenn dieser Moment kommt, wird das Ego abgelegt, und dein Kampf hat ein Ende. Du wirst weder protestieren noch den kleinsten Moment lang überlegen, ob du loslassen sollst oder nicht. Du wirst dich nur verbeugen und dich hingeben. Im tiefsten Innern wartet jede Seele darauf, daß dieses große Loslassen geschieht.

❖

Indem wir die große Herausforderung des Todes ignorieren, üben wir weder Liebe und Mitgefühl noch teilen wir die Sorgen und Leiden anderer Menschen. Darum sind wir nicht demütig. Die demütigendste Erfahrung, der Tod, ist nur einen Schritt hinter uns; darum sage nie „morgen". Jetzt ist die richtige Zeit, zu tun, was getan werden muß. Jetzt sollten wir einen Eid leisten, unsere Einstellung zum Leben zu ändern.

❖

Versuche, in Glückseligkeit zu sterben. Genau wie du deinen Geburtstag feierst, so sollen auch Tod und Sterben Anlaß zum Feiern und zu Glückseligkeit sein. Meditation heißt zu lernen, in Glückseligkeit zu sterben. Dies kann nur geschehen, wenn du bereits im Leben das Loslassen lernst.

❖

Durch Meditation kannst du lernen loszulassen. Dein gesamtes Leben sollte eine Vorbereitung auf einen glücklichen Tod sein. Denn nur wenn du gelernt hast und bereit bist, dem Tod glücklich ins Auge zu sehen, kannst du auch ein glückliches Leben führen, weil du erkennst, daß auch der Tod, ebenso wie das Leben, eine Wahrheit ist. Du wirst erkennen, daß der Tod nicht vollständige Auslöschung bedeutet, sondern vollständige Befreiung von der Umklammerung des Egos.

❖

Der nächste Moment gehört uns nicht. Uns gehört nur die Gegenwart. Wahres Leben heißt, in der Gegenwart zu leben, die Vergangenheit abzulegen und die Zukunft zu vergessen. Wir wissen nicht, ob wir im nächsten Moment noch hier in diesem Körper sind. Wir wissen nicht, ob wir die Dinge, die wir jetzt benutzen, im nächsten Moment noch brauchen. Wir atmen aus und werden vielleicht nie wieder einatmen. Wer kann sicher sein, daß er morgen wieder aufwacht?

❖

Wenn der Tod kommt, sind wir hilflos. Die ständige Erinnerung an die Möglichkeit des Todes ist die beste Art, Demut zu lernen. Demut ist Hingabe; Hingabe heißt, sich vor allem, was existiert, zu verbeugen. Dann kann es kein Ego geben. Sobald du frei von Ego bist, gibt es keinen Tod mehr. Ein Mensch ohne Ego kann nicht sterben, weil er nicht mehr der Körper ist. Er ist Bewußtsein. Nur wer sich mit seinem Körper identifiziert, wird sterben.

❖

Ohne das Leben zu kennen, kannst du auch den Tod nicht kennen. Für den, der das Leben nicht gekannt hat, der das Leben nicht in all seiner Fülle erlebt hat, bedeutet Tod Dunkelheit; er bedeutet das Ende. Für den aber, der das Leben gekannt hat, ist der Tod das Herz der Existenz. Leben erblüht im Tod.

❖

Hingabe stellt sich mit der Erkenntnis deiner eigenen Hilflosigkeit ein; der Erkenntnis, daß alles, was du als dein Eigentum betrachtest – Intellekt, Schönheit und Charme, Gesundheit und Wohlstand –, vor der großen und bevorstehenden Bedrohung durch den Tod nichtig ist. Der Tod wird dir alles entreißen. Diese Erkenntnis läßt dich wach werden. Du bist auf der Hut. Du erkennst, daß du auf Dinge Anspruch erhebst, die dir nicht wirklich gehören. Darum gib dich hin. Du kannst die vielen Freuden des Lebens genießen, doch du solltest es in dem Bewußtsein tun, daß dir all das jederzeit genommen werden kann. Wenn du mit diesem Bewußtsein lebst, wird Hingabe folgen.

Es gibt keine Garantie für die Zukunft, es gibt keine Garantie für den nächsten Moment. Der Tod ist die einzige Garantie, die es für die Zukunft, für den nächsten Moment gibt. Dieser Moment ist für dich; der nächste Moment mag den Tod bringen. Wer weiß? Darum lebe diesen Moment richtig. Dieser Moment allein ist garantiert. Der nächste Moment geht aus diesem Moment hervor.

❖

Die Wahrheit ist, daß der Tod für uns etwas Unnatürliches ist. Natürlich ist der Tod nur für den Körper, nicht für das Selbst, das unser wahres Wesen ausmacht. Leben, das Lebensprinzip ist natürlich. Auch Kummer ist unnatürlich, während Freude unser natürlicher Zustand ist. Doch der Mensch scheint ein größeres Verlangen nach Tod und Kummer zu haben. Er hat vergessen, wie man lächelt. Nur wenn du dir die Freude des Atman erschließt, wirst du wirklich lächeln können.

❖

Die Erkenntnis, daß der Tod in jedem Moment eintreten kann, hilft uns, wahres Vertrauen zu haben und uns Gott zuzuwenden. Der Tod wird uns alles nehmen, was wir haben. Dieser Körper, auf den wir so viel Liebe und Aufmerksamkeit verwenden, wird nicht mit uns kommen. Wir können nicht einmal eine Nadel mitnehmen, wenn wir sterben. Erkenne diese große Wahrheit, nimm Zuflucht beim höchsten Herrn und sei glücklich und zufrieden mit allem, was dir begegnet.

Es gibt bestimmte unvermeidliche Wahrheiten, denen wir uns heute oder morgen stellen müssen. Alles, was beginnt, muß enden; was geboren ist, muß sterben. Dies trifft auf das Leben jedes Menschen zu. Es ist ganz natürlich, daß das geistige Gleichgewicht ins Wanken gerät, wenn solche Dinge geschehen. Doch denke einmal nach: Macht es irgendeinen Sinn, sich darüber zu grämen? Die Sache ist, wenn wir unser geistiges Gleichgewicht nicht wiedererlangen, wird das Leben noch schwieriger. Das Auf und Ab gehört zur Natur des Lebens. Nicht das Geschehen selbst ist das Ausschlaggebende, sondern wie wir damit umgehen. Auch ein weiser Mensch kann traurig sein, doch wird er schnell erkennen, daß alles ein Spiel ist, daß es in der Natur des Lebens liegt. Über den Problemen des Lebens zu brüten und sie zu beweinen ist keine Lösung. Versuche dich den Problemen zu stellen und sie mit der entsprechenden Urteilskraft und Überlegung zu überwinden. Erkenne, was Leiden ist, was Kummer ist. Nur dann wirst du das Leiden anderer verstehen können.

HILFEN AUF DEM WEG

Spiritualität Leben

Es ist dringend erforderlich, daß die Menschen spirituelle Prinzipien befolgen und praktizieren. Dies ist die einzige Möglichkeit, die Welt und die menschliche Rasse vor der Vernichtung zu bewahren. Zweifel zerstört all unsere guten Absichten. Jeder trägt eine Verantwortung in sich, die Menschheit zu retten. Auch du bist ein Teil dieses Spiels. Indem du deine Pflicht mit größtmöglicher Aufrichtigkeit und Liebe erfüllst, hilfst du deinem eigenen Selbst. Du rettest dein eigenes Leben, was wiederum der Gesellschaft zugute kommt.

❖

Übe dich in Demut und Geduld, und du wirst sehen, wie die Dinge um dich herum sich ändern. Eine spirituelle Organisation mag zwar groß sein, ihre wahre Größe jedoch liegt in der Demut, Geduld und Verzichtbereitschaft ihrer Vertreter. Welcher Institution du auch angehörst, ob spirituell oder nicht, du solltest demütig und bereit sein, dich anzupassen. Nur dann kannst du wirklich wachsen.

Niemand möchte unglücklich sein, niemand möchte leiden. Jeder möchte nach Möglichkeit immerfort glücklich sein. Doch wird, um dieses Ziel zu erreichen, oftmals der falsche Weg eingeschlagen. Das Problem bist du. Es liegt nicht außen, sondern in dir. Wenn du wirklich dein Leben genießen willst, versuche es mit dem Weg der geistigen Disziplin und schau, was geschieht.

Das Leben ist kein Scherz; es ist eine ernste Angelegenheit, die man mit äußerster Sorgfalt und Wachheit behandeln sollte. Es hat keinen Sinn, sich Gedanken zu machen und Tränen zu vergießen, wenn man gedankenlos gehandelt hat. Deshalb versuche, nicht töricht zu handeln. Gedankenlose Worte, unbedachte Handlungen, Zorn und Ungeduld verursachen immer Probleme. Warum sollten wir uns also bewußt in Probleme verwickeln, wenn wir wissen, daß dadurch nur Kummer und Leid entstehen?

❖

Um ein echtes spirituelles Leben zu führen, muß man aus Erfahrung wissen, was Leiden und Schmerz ist. Für jemanden, der im Überfluß aufwächst, ist es nicht leicht, ein spirituelles Leben zu führen. Er muß auf den Boden der Tatsachen zurückkommen und bereit sein, sich auf das wirkliche Leben einzulassen, auf ein Leben unentwegter Arbeit. Er muß die Möglichkeit bekommen, den Geruch und den Geschmack seines eigenen Schweißes wahrzunehmen. Viele Menschen kennen den Wert der Arbeit nicht. Arbeit ist Gott.

Erfülle deine Pflichten in dieser Welt nach bestem Wissen und stelle dabei alles in den Dienst der höheren Macht. Erkenne die Natur des Lebens und handele mit Weisheit; gib weder auf, wenn Hindernisse auftreten, noch werde übermütig, wenn die Umstände günstig sind. Diese Welt wurde für dich geschaffen. Kein Heiliger und keine Schrift verbietet dir, die Freuden der Welt zu genießen. Du solltest nur eine gewisse Zurückhaltung üben. Bewahre immer die Beherrschung und behalte bei äußeren Dingen und Situationen die Oberhand. Laß dich von nichts und niemandem unterjochen und kontrollieren. Wenn sich deine Einstellung ändert, so ändert sich auch das Ziel des Lebens, und dein Geist wird ruhiger und gelassener.

❖

Es richtet Schaden an, mit Menschen zu verkehren, die keine spirituelle Kultur haben. Es ist sehr ratsam, sich nicht mit anderen zu befreunden – auch wenn es heißt, daß wir alle Menschen sind. Sind denn alle Menschen gleich? Manche sind Diebe, manche sind unschuldig, andere sind die Verkörperung der Leidenschaft.

❖

Eine gute spirituelle Basis macht es möglich, das Leben auf intelligente Weise zu führen. Versuche nicht, dich deinen Pflichten zu entziehen. Erfülle diese Pflichten sorgfältig, doch möglichst frei von Bindungen, damit du dich auf die völlige Entsagung vorbereiten kannst. Tue Gutes und Wohltätiges für die Gesellschaft, doch versuche dabei frei von Bindungen zu bleiben.

Gewöhnliche Menschen, die der Welt zugetan sind, sind ebenso wie spirituelle Menschen auf der Suche nach Glück. Ob dies nur ein vorübergehendes Glück ist, das in nicht enden wollendem Kummer gipfelt, oder ein zeitweiliges Erdulden von Prüfungen, die zu immerwährender Glückseligkeit führen – das liegt bei uns. Wir können uns frei entscheiden: für die Welt, die in uns liegt, oder für die äußere Welt.

❖

Während das momentane Glück, das die Welt dir gibt, dich letztlich den heftigen Schmerzen immerwährenden Kummers ausliefert, hebt dich spirituelle Pein zur Wohnstatt dauernder Glückseligkeit und ewigen Friedens empor. Es liegt an dir, dich zu entscheiden zwischen vorübergehendem Glück, das in fortwährendem Unglück gipfelt, und vorübergehendem Schmerz, der dich zu ewigem Frieden führt.

❖

Wenn du ein weltliches Ziel erreichen willst, dann beginnst du auf der Stelle damit. Du verlierst keine Zeit. Du kannst es nicht erwarten. Du bemühst dich sehr und arbeitest emsig, um dein Ziel zu erreichen. Du arbeitest mit Begeisterung. Du vergißt alles andere, um dein Ziel zu erreichen. Doch wenn dein Ziel etwas Spirituelles ist, etwas, das dir wirklich helfen wird, dann beschleichen dich hundert Zweifel. Wie schade!

FAMILIENLEBEN

Für das Allgemeinwohl und die Weiterentwicklung der gesamten Gesellschaft müssen wir in Liebe zusammenarbeiten und uns gegenseitig unterstützen. Das ist unser wahres Dharma, welches uns zum höchsten Ziel des Lebens, der Selbstverwirklichung, führen kann. Dieser Prozeß sollte immer in der Familie beginnen.

❖

Lieben wir unsere Frau und Kinder wirklich, oder handelt es sich dabei um Selbstsucht? Wir lieben andere, weil sie uns glücklich machen, unsere Wünsche erfüllen, uns gehorchen, uns achten oder eine hohe Meinung von uns haben. Wenn das nicht der Fall ist, lieben wir sie nicht. Wenn jemand uns haßt, tritt Rache anstelle der Liebe. Das ist selbst bei der eigenen Frau und den eigenen Kindern der Fall. Wenn sie ungehorsam sind oder uns mißachten, werden wir sie nicht lieben. Wo wahre Liebe ist, gibt es keine Selbstsucht. Denkt nur an die Wege, die wir ersinnen, um Geld zu machen. Wenn die Umstände es erfordern, sind wir sogar bereit, andere zu töten, um Reichtum anzuhäufen.

Die Kinder, die ihr aufzieht, sind nicht eure wahren Gefährten. Sobald die Tochter verheiratet ist, nimmt die Mutter den zweiten Platz hinter dem ihres Ehemannes ein. Auch für den Ehemann steht seine Frau an erster Stelle, erst dann kommt seine Mutter. Auf der Straße des Lebens wird jeder an seiner entsprechenden Haltestelle aussteigen. Deshalb sollte alles der Geliebten Gottheit anvertraut werden. Eure Kinder gehören auch Gott an. Eltern sollten ihre Kinder nicht nur mit Nahrung versorgen und ihre Wünsche erfüllen, sondern ihnen auch Disziplin, Vertrauen und gutes Benehmen beibringen.

❖

Was ist die Ehe heutzutage als nur eine weitere Bindung? Sie ist die Verbindung zweier Körper. Sie hat nichts mit der Verbindung der Seele zu tun, ohne die einer Ehe jegliche Substanz fehlt. In früheren Zeiten galten Ehe und Eheleben als göttlich und dienten als Möglichkeit, Selbstverwirklichung zu erlangen. Die Vereinigung der Eheleute fand eher im Geist als im Körper statt, was zu Frieden und Ruhe führte und schließlich in Gotterkenntnis gipfelte. Heutzutage ist die Ehe nichts anderes als ein Mittel, die Lust zu befriedigen. Sie beinhaltet keine wahre Liebe, nur Selbstsucht. Du solltest dieses Leben auf intelligentere Weise nutzen, damit diese Welt und dein Leben von mehr Freude und Schönheit erfüllt sind. Benutze deine Urteilskraft und frage dich: Ist die Liebe, die wir von unseren Verwandten, von Ehefrau, Ehemann oder Kindern erfahren, echt? Ist es nicht eher so, daß Männer Frauen und Frauen Männer lieben, um ihre selbstsüchtigen Ziele zu erreichen?

Das Zuhause darf kein Ort sein, wo eine Gruppe von Einzelpersonen in Konflikt, in Kampf und Streit zusammenlebt. Es ist kein Platz, wo nur gegessen und geschlafen wird und dies als Lebenszweck und Erfüllung angesehen wird. Eine solche Einstellung macht das Familienleben zur Hölle.

❖

Eine Familie ist nicht nur eine Gruppe von Individuen, die zusammen leben. Im Zusammenleben kann diese „Gruppe" lernen, viele Dinge zu verstehen. In den meisten Familien gibt es einen Vater und eine Mutter. Mit dem entsprechenden Verständnis, was Familienleben und das Leben als Ganzes bedeutet, können sie ihre Rollen richtig spielen. Die Mutter kann versuchen, dem Kind Tugenden wie Liebe, Geduld und Nachsicht zu vermitteln, und der Vater kann es liebevoll davor bewahren, Dinge zu tun, die der Gesellschaft, seiner Familie oder ihm selbst Schaden zufügen würden. Der Vater kann das Kind Gehorsam und Achtung vor anderen Menschen lehren. In jedem Fall stehen die Eltern an erster Stelle, indem sie den Kindern ein Beispiel geben und ihnen zeigen, wie sie sein sollen.

❖

Die Gedanken der Mutter während ihrer Schwangerschaft spielen eine wichtige Rolle für den Charakter des Kindes. In früheren Zeiten haben Mütter darum während der Schwangerschaft immer den Göttlichen Namen rezitiert. Auf diese Weise wird sich auch das Kind an Gott erinnern.

123

Welches Glück liegt in der Sorge um die Familie? Ihr solltet vorwärts schreiten und alles als von Gott bestimmt ansehen. So werdet ihr Frieden erlangen.

❖

Der Welt Gutes zu tun ist die größte und großartigste Pflicht. Diese Welt ist die größte Familie. Gott ist unser wahrer Vater und unsere wahre Mutter. Unsere wirkliche Verpflichtung Ihm gegenüber ist es, den Armen und Bedürftigen selbstlos zu dienen. Die Familie, die aus Ehemann, Ehefrau und zwei Kindern besteht, ist der kleinste Bruchteil dieser großen Familie. Wenn man sich nur um diesen kleinsten Teil kümmert, ist das im Vergleich nichts; es ist eine Einschränkung. Wenn man aber andererseits die Weltfamilie liebt und ihr dient, kommt unser selbstloser Dienst auch der sogenannten Familie zugute. Wenn wir uns nur um unsere unmittelbaren Angehörigen kümmern, ist weder ihnen noch der Welt gedient. Wie sehr wir auch unserer Familie dienen und sie lieben, das Ergebnis wird nur Unzufriedenheit sein, während der Dienst an der Welt auch für die Familie von echtem Nutzen ist.

❖

Ein Vater hat ebensoviel mit der Erziehung der Kinder zu tun wie die Mutter. Wenn ein Vater die Geduld verliert, hat das unschuldige und vertrauensvolle Leben des Kindes ein Ende. Kinder können Geduld und Liebe von niemand anderem als von ihren Eltern lernen.

Ehe und Eheleben sind im Grunde ein anderer Weg, um Gotterkenntnis zu erlangen, auch wenn viele sich dessen nicht bewußt
sind. Um dieses Ziel zu erreichen, brauchen Ehemann und Ehefrau ein gewisses Maß an Verständnis, was es bedeutet, ein Eheleben und gleichzeitig ein spirituelles Leben zu führen. Geduld,
Liebe und Verzeihen – dieser drei Eigenschaften bedarf es, um
eine gute Beziehung zu unterhalten.

❖

Während ihres Zusammenseins haben unsere Eltern nicht daran
gedacht, gute Kinder zu zeugen. Sie haben nur an ihr Vergnügen
gedacht. Wir stammen von ihnen ab – wie sollten wir da einen
guten Charakter haben? Aber wir müssen sie dafür auch nicht
verantwortlich machen. Auch sie tragen dieses Erbe in sich. Die
Degeneration geht allmählich von den Eltern auf die Kinder über
und ist jetzt von unseren Eltern auf uns übertragen worden.

❖

Eltern sollten im Umgang mit ihren Kindern sehr vorsichtig sein.
Gebt ihnen nicht alles, was sie wollen. Sie haben kein Urteilsvermögen. Wenn ihr die Wünsche eurer Kinder erfüllt, ohne euer
Urteilsvermögen anzuwenden, führt ihr sie in die Zerstörung.
Nährt nicht nur ihren Körper, sondern nährt auch ihren Geist,
indem ihr ihnen richtige Disziplin beibringt. Laßt sie auch körperliche Arbeit verrichten. Laßt sie jeden Tag ein bißchen schwit-
zen und sich mühen. Sonst werden sie faul und nichtsnutzig.
Gebt ihnen eine Gelegenheit, den Wert von Arbeit zu erkennen.

Wenn die Eltern ihre Kinder wirklich lieben, sollten sie dafür sorgen, daß ihre Kinder spirituelle Wahrheiten lernen und verstehen, um geistige Stärke und Kontrolle zu erlangen und sich den Herausforderungen des Lebens stellen zu können, anstatt sie ohne richtige spirituelle Erziehung dieser Welt auszuliefern und sie damit zu zwingen, dieselbe Art von Leben zu führen wie sie selbst.

❖

Eltern sollten ihren Kindern immer Vorbild sein, in Worten wie in Taten. Sie sind die ersten Lehrer ihrer Kinder. Durch Kampf und Streit in Gegenwart der Kinder gebt ihr ein schlechtes Beispiel und werdet auch ihre Zukunft verderben. Wenn ihr eure eigenen Schwierigkeiten nicht bewältigen könnt, so ist das euer Problem. Aber warum müßt ihr das Leben eurer Kinder mit Problemen belasten?

❖

Kinder bringen das zum Ausdruck, was sie in ihrer Jugend gelernt und erfahren haben. Darum solltet ihr zum Wohle eurer Kinder vorsichtig und behutsam vorgehen. Achtet darauf, was ihr sagt, achtet darauf, was ihr tut. Denn jedes geäußerte Wort und jede Handlung hinterlassen einen tiefen Eindruck im Geist eures Kindes. Darum haltet euren Geist in Gegenwart eurer Kinder immer unter Kontrolle. Laßt sie in einer guten häuslichen Atmosphäre aufwachsen. Sonst werdet ihr in der Zukunft viele Sorgen haben.

Wenn Kinder bereits in sehr jungem Alter die richtige Ausbildung erhalten, werden sie nicht fehlgehen. Daran sollten alle Eltern ein persönliches Interesse haben. Viele Kinder geraten nur aufgrund der nachlässigen Erziehung ihrer Eltern auf Abwege. Liebe ohne Disziplin ist keine echte Liebe; sie ist nur Bindung. Eine zu starke Bindung, wie sie gewöhnlich zwischen Eltern – besonders den Müttern – und Kindern besteht, verwöhnt das Kind. Eltern müssen sich große Mühe geben, ihren Kindern einen guten Charakter zu vermitteln. Dafür muß ihr eigener Charakter ein gewisses Maß an Reinheit besitzen. Sie sollten Vorbild sein. Eltern haben großen Einfluß auf ihre Kinder. Wenn Eltern sich moralisch einwandfrei verhalten, wird sich das auf ihre Kinder übertragen, und umgekehrt wird das ebenso der Fall sein.

Wir machen uns das Leben schwer durch die Gedanken an die, die uns lieb und teuer sind, wie Ehegatten, Kinder und Verwandte. Sind die sogenannten Kinder unsere Kinder? Wo waren sie vor ihrer Geburt? Wessen Kinder waren sie da? Und wessen Kinder sind sie, wenn sie sterben? Wir nennen sie unsere Kinder. Wenn das so ist, warum können wir dann nicht verhindern, daß sie gehen, wenn der Tod kommt? Es ist gewiß, daß sie nicht unsere Kinder sind. Alle sind Seine Kinder, Gottes Kinder. Er gibt Leben und nimmt Leben. Er allein ist der wahre Besitzer der einzelnen Seele. Wie kann etwas, das wir nicht unter Kontrolle haben, unser sein? Darum gehört uns auch kein Ehegatte. Alles gehört Ihm. So seht und betrachtet nur das Wesentliche im Menschen. Nicht den Körper des Gatten, sondern seine Seele müssen wir sehen.

Eine Mutter muß für die Charakterbildung des Kindes sorgen. Seine ersten Lektionen in Liebe und Geduld erhält das Kind von seiner Mutter. Aber sie kann nicht einfach nur über Liebe und Geduld sprechen und dann erwarten, daß ihr Sohn oder ihre Tochter sich diese Eigenschaften aneignen. Nein, das ist unmöglich. Sie muß selbst ein Vorbild an Liebe und Geduld sein, indem sie diese Eigenschaften in den Umgang mit ihrem Kind einfließen läßt. Wenn eine Mutter eigensinnig und ungeduldig wird, dann ist das sehr schlecht. Damit schafft man sich die Hölle. Eine Mutter muß geduldig sein – geduldig wie die Erde.

Nur durch unser Unterscheidungsvermögen können wir die Probleme des Lebens bewältigen. Mit Angst und Sorge löst man kein Problem; man macht es nur schlimmer. Zorn kann nicht durch Zorn, sondern nur durch Liebe überwunden werden.

❖

In manchen Familien hat nur einer der Partner, der Mann oder die Frau, einen guten Charakter. In solchen Fällen lassen sich die Dinge einigermaßen regeln, wenn einer von beiden Geduld, Versöhnlichkeit und Nachsicht besitzt. Denkt daran, wenn wir anderen vergeben und ihre Fehler vergessen, wird Gott auch uns vergeben und die unseren vergessen. Wenn sowohl Ehemann als auch Ehefrau eigensinnig und unnachgiebig sind, sollten beide versuchen, sich gegenseitig zu korrigieren, indem sie selbst Geduld und Nachsicht entwickeln.

Der Familienvorstand, der ständig nur an seine Arbeit denkt, vernachlässigt seine Pflicht als Ehemann und Vater. Wenn er keine Zeit für seine Frau und seine Kinder hat, entstehen Spannung, Streß und Druck, und allen erscheint das Familienleben langweilig und traurig.

❖

Sobald eine Familie da ist, beginnt das Leid. Deine Frau, deine Kinder und all deine Verwandten und Bekannten werden gehen, wenn ihre Zeit gekommen ist. Am Ende wirst du allein bleiben. Wenn wir uns den Problemen des Lebens stellen, sind wir immer allein. Wir sollten nicht versuchen, vor den Problemen wegzulaufen. Das gibt ihnen nur mehr Macht über uns. Unsere eigene wahre Natur, das Selbst allein, ist unser wahrer Freund.

❖

Die Gedanken der Frau während der Schwangerschaft werden den Charakter des Kindes beeinflussen. Das Kind, das einer Frau geboren wird, die während der Schwangerschaft die Erinnerung an Gott pflegt, wird ein Verehrer Gottes. Daran gibt es keinen Zweifel.

❖

Bleibe, wo du bist, und erfülle deine Pflicht mit Liebe und Hingabe. Wenn du verheiratet bist und einen Haushalt gegründet hast, dann darfst du nicht davonlaufen und deine Verantwortung als Ehemann, Ehefrau oder Elternteil aufgeben.

Weltliche Zwänge sind nichts, wenn man ständig seine Unterscheidungskraft anwendet. Erfülle deine Pflichten, ohne an vergangene Erfahrungen, zukünftige Erwartungen oder die Frucht deiner Taten zu denken. Lebe immer in der Gegenwart und erfülle deine Pflichten als Dienst am Höchsten. Vermeide zuviel Bindung. Spiritualität ist kein Weg, allen Problemen zu entfliehen, denen du begegnest. Wenn du unter dem Vorwand der Spiritualität von zu Hause wegläufst, nur um der Mühsal des Familienlebens zu entkommen, bedeutet das mitnichten, daß du allem entsagt hast.

Nächstenliebe –
vom Geben

Wer Dinge anhäuft, wird leiden. Wer sie aufgibt, wird voller Freude sein. Wenn der Reichtum in unseren Händen Gott gehört, sollten wir dann nicht den Armen etwas abgeben? Wenn dieses Geld nicht mit anderen geteilt wird, wird es zum Anlaß von Problemen.

❖

Wieviel Reichtum du auch besitzt – er wird dir nur Kummer bringen, wenn du seinen Stellenwert und seine Verwendung im Leben nicht verstehst. Selbst unermeßlicher Reichtum gewährt nur vorübergehendes Glück.

❖

Wer anderen hilft, der hilft sich selbst, weiterzukommen und rein zu werden. Auch uns wird es helfen, die Last der Bindung nach und nach zu verringern und so unseren inneren Frieden zu vermehren.

Nichts als Kummer wirst du haben, wenn du hier und dort herumläufst und immerzu denkst: „mein" Haus, „mein" Besitz, „meine" Kinder. Gib alles Gott hin. Beschütze deine Familie und andere in dem Gedanken: „Gott hat sie mir anvertraut." Denn wann hast du schließlich diesen Besitz und diese Kinder erhalten? Wo waren deine Kinder, als du auf die Welt gekommen bist? Jetzt sagst du, all dies gehöre dir. Doch wem gehört es nach deinem Tod? Dieses Besitztum ist nur geliehen und hat vorher jemand anderem gehört. In der Zukunft wird es in anderen Händen sein. Nicht, was hier ist, kannst du als dein eigen betrachten. Wie es schon immer von Hand zu Hand ging, so ist es jetzt für einige Zeit zu dir gekommen, das ist alles. Wer dies versteht, soll sein Haus bewohnen, doch seine Zuflucht suche er in Gott.

❖

Die Menschen haben die Tendenz, mehr und mehr und mehr zu wollen. Niemals sind sie zufrieden mit dem, was sie haben. Statt dessen sollten wir lernen zu geben und zu teilen. Wir sollten niemals nur nehmen. Was immer wir haben, sollten wir mit anderen teilen; und wir sollten versuchen, auf irgendeine Weise zum Wohlergehen der Gesellschaft beizutragen. Durch Geben machen wir Fortschritte auf dem spirituellen Weg. Wenn wir unseren Besitz horten, verkümmert unsere spirituelle Entwicklung, und unser Leben welkt langsam dahin. Was immer wir haben, sollte in Umlauf sein und geteilt werden. Wir sollten unsere Reichtümer nicht horten, weil dann die Gesellschaft im ganzen zum Stillstand kommt und nicht mehr wachsen kann. Durch selbstloses Teilen aber entfaltet die Blume des Lebens Schönheit und Wohlgeruch.

Wir berücksichtigen nicht anderer Menschen Probleme und zeigen kein Mitgefühl. Nur wer selbst Leid erfahren hat, kann das Leid anderer verstehen. Höre die Schreie und erkenne den Schmerz leidender Menschen.

❖

Gott hat die Reichen geschaffen, um den Armen zu helfen, die Gesunden, um die Kranken zu unterstützen, und die normalen Menschen, um den geistig und körperlich Behinderten zu helfen und zu dienen. Er hat uns in der Hoffnung geschaffen, daß wir ihnen zu Hilfe kommen. Laßt uns an sie denken. Laßt uns versuchen, ihr Leid zu verstehen, indem wir uns in sie hineinversetzen. Wir wissen nicht, was Leiden ist. Wir halten unsere persönlichen Probleme für groß und bedeutend. Doch es gibt Wichtigeres in dieser Welt. Weit größere Probleme müssen gelöst werden. Wir aber denken nur an unsere eigenen Probleme.

❖

Wer den Bedürftigen Almosen gibt, erwirbt Verdienst. Doch ein wahrer spiritueller Sucher trachtet danach, Verdienst wie Schuld zu überwinden; darum kümmert ihn weder Gewinn noch Verlust.

❖

Die Menschen, die mehr Dinge behalten, als sie brauchen, anstatt mit anderen zu teilen, die diese Dinge dringend brauchen, sind wirkliche Diebe.

Weder kannst du jemandem helfen, ohne selbst zu profitieren, noch kannst du jemandem schaden, ohne dir selbst weh zu tun. Indem wir anderen helfen, helfen wir in Wirklichkeit uns selbst, genau wie wir uns mit jeder selbstsüchtigen Tat selbst Schaden zufügen. Lerne, jedem wohlwollend zu begegnen. Verfluche niemanden, denn ein Mensch besteht nicht aus Fleisch und Blut allein. In jedem Menschen ist Bewußtsein am Werk. Dieses Bewußtsein ist keine separate, isolierte Einheit; es ist Teil des Ganzen, Teil einer höchsten Einheit. Was immer wir tun, spiegelt sich im großen Ganzen, im universalen Geist, und wird mit der gleichen Intensität auf dich zurückgeworfen. Jede gute oder schlechte Tat wird vom universalen Bewußtsein widergespiegelt. Lerne deshalb, selbstlos zu sein, und lerne, jedem Menschen mit Wohlwollen zu begegnen. Bete für alle anderen, denn für unser Emporsteigen brauchen wir die Unterstützung und das Wohlwollen der gesamten Schöpfung. Wenn wir für andere beten, dann betet das gesamte Universum für uns; und wenn wir anderen unseren Segen geben, dann werden wir vom ganzen Universum gesegnet, denn der Mensch ist eins mit der kosmischen Energie.

Versuche deine schlechten Gewohnheiten zu ändern, indem du sie nach und nach durch gute Gedanken und Handlungen ersetzt. Laß jeden Tag, bevor du zu Bett gehst, dein Tagewerk an dir vorüberziehen und scheide Gutes von Schlechtem. Sei wohltätig, doch im rechten Geiste. Erfülle mit deinem Wohlstand nicht nur deine und deiner Familie Wünsche. Verwende wenigstens einen kleinen Teil auf das Wohlergehen der Welt; du wirst dafür gereinigt werden.

Zeige Mitgefühl für die leidende Menschheit. Spende für einen guten Zweck. Wahre Wohltätigkeit oder Entsagung bedeutet, die Dinge aufzugeben, die dir die liebsten sind. Es wird gesagt, daß wir unseren Geist in den Dienst des Höchsten stellen sollen. Doch mit unseren Gedanken sind wir in Geld und andere weltlichen Besitztümer versunken. Stellen wir jedoch unser Geld in den Dienst der Wohltätigkeit, so widmen wir damit auch unseren Geist einer guten Sache. Dadurch wird der Geist weiter und empfänglicher. Empfänglichkeit ist Gott. Erfülle mit deinem Besitz nicht nur deine eigenen Wünsche und die Wünsche deiner Angehörigen. Verwende wenigsten einen kleinen Teil davon für das Wohlergehen der Welt, und du wirst Reinigung erfahren.

❖

Wenn jemand in den Tempel geht und Gott ein Geldopfer darbringt, opfert er damit einen Teil von sich selbst. Auf diese Weise verringern sich nach und nach seine Bindungen, während seine Liebe für Gott und Wohltätigkeit zunimmt. Nur wenn wir all unsere Handlungen mit bedingungsloser Hingabe und Selbstaufopferung ausführen, werden sie uns zum Segen gereichen.

VERANTWORTUNGSVOLLES HANDELN

Eine Handlung, die mit Konzentration und ohne den Gedanken an ihre Früchte ausgeführt wird, ist eine selbstlose Handlung. Solche Handlungen sind nur möglich, wenn ihre Früchte einem höheren Ideal gewidmet werden. Dieses höhere Ideal nennen wir Gott, denn nur in Ihm können wir die Vollkommenheit und das Gleichgewicht aller wesentlichen Lebensprinzipien erkennen.

❖

Wenn jemand mit Herz und Seele bei der Sache ist, wird er zu einer enormen Quelle der Inspiration. Das Ergebnis einer mit Liebe ausgeführten Handlung ist merklich von Licht und Leben erfüllt. Liebe, Schönheit und alle göttlichen Qualitäten existieren in uns. Wir sollten unsere Fähigkeiten nutzen, diese göttlichen Qualitäten in unserem Leben auszudrücken. Vertue deine Zeit nicht müßig. Das Leben ist ein kostbares Geschenk. Dieser menschliche Körper ist ein außergewöhnliches Geschenk. Verrichte deine Arbeit mit Liebe, solange du noch gesund bist. Falle anderen nicht zur Last.

Lebe ein losgelöstes Leben. Binde dich nicht an die Arbeit oder ihre Früchte. Betrachte deine Arbeit als Opfergabe. Dann werden deine Handlungen voll Schönheit sein und anderen wohl tun.

❖

Die Welt sollte nicht voller selbstsüchtiger Menschen sein. Es müßte ein paar Orte geben, wo zumindest eine Handvoll Menschen selbstlos arbeiten und dienen kann. Schönheit und Zauber selbstlosen Liebens und Dienens dürfen nicht von dieser Erde verschwinden. Die Welt soll wissen, daß ein Leben der Hingabe möglich ist, ein Leben, das von der Liebe und dem Dienst an der Menschheit erfüllt ist.

❖

Werde niemals nachlässig, versinke niemals in Gleichgültigkeit. Leben ist kostbar; darum verschwende es nicht, indem du Dinge mechanisch und ohne Liebe tust. Alles, was wir tun, sollten wir mit Liebe tun. Eine Handlung ohne Liebe wird mechanisch. Menschen, die mechanisch und ohne Liebe arbeiten, werden innerlich wie eine Maschine; sie verlieren an Menschlichkeit.

❖

Tue deine Arbeit und erfülle deine Pflichten mit ganzem Herzen. Versuche, selbstlos und mit Liebe zu arbeiten. Gehe in deiner Arbeit auf. Dann wirst du Schönheit und Liebe bei allen Arbeiten erfahren.

Erfülle deine Pflicht, aber verstricke dich nicht darin.

❖

Keine Arbeit ist unwichtig oder bedeutungslos. Die Liebe, mit der du deine Arbeit versiehst, macht sie bedeutend und schön.

❖

Mache deinen Arbeitsplatz zum Tempel. Verfluche deine Arbeit nicht. Wo immer du arbeitest – fühle dich glücklich und gesegnet und tue deine Arbeit aus vollem Herzen.

❖

Wenn du dich anschickst, etwas zu tun, ob es nun das Richtige oder Falsche ist, solltest du genug Mut haben, die Konsequenzen zu tragen, die sich daraus ergeben.

❖

Du mußt deine Arbeit mit Rechtschaffenheit tun. Ob du sie für bedeutend oder unbedeutend hältst, ob sie dir gefällt oder nicht – du solltest deine Arbeit mit Interesse und Liebe tun.

❖

Der Impuls zum Handeln wird von den Früchten der Handlungen aus dem vorherigen Leben bestimmt.

Bereitschaft und Willigkeit, eine beliebige Arbeit jederzeit und unter allen Umständen zu verrichten, ist das Merkmal der Spiritualität. Spirituelle Menschen tun ihre Arbeit mit Liebe und Aufrichtigkeit, ohne etwas zu erwarten. Darum liegt in allem, was spirituelle Menschen tun, Zauber und Schönheit. Sie lieben ihre Arbeit, weil sie ihnen unendliches Glück schenkt.

❖

Keine Arbeit kann ohne Konzentration getan werden. Ob es um geistige oder körperliche Arbeit geht, ob sie leicht oder schwer, aufregend oder weltlich ist, sie erfordert immer Konzentration. Konzentration ist nichts anderes als Ruhe des Geistes. Diese Ruhe des Geistes ist nur durch Liebe möglich. Gewöhnlich werden in diesem Zusammenhang Worte wie „Interesse", „Aufrichtigkeit" oder „intensiver Wunsch" gebraucht. Diese Begriffe sind Synonyme für Liebe.

❖

Liebe für eine Sache oder eine Handlung ist der wichtigste Faktor, der dich zum Handeln inspiriert. Abneigung oder Mangel an Liebe bewirkt, daß du eine Handlung unterläßt oder wenig Interesse daran zeigst. Sei bereit, jede Aufgabe zum Wohle der Allgemeinheit mit Liebe auf dich zu nehmen.

❖

Selbstlosigkeit ist ein Zustand äußerster Spontaneität, der erreicht wird, wenn du im Selbst verankert bist.

Der Weg der Tat ist ein guter Weg, aber die Taten sollten selbstlos sein. Wie du etwas tust ist wichtiger als was du tust. Ein Mensch erhält seinen Wert durch seine Taten.

❖

Wenn die Arbeit getan ist und du die größtmögliche Bemühung und Hingabe investiert hast, dann brauchst du dir um das Ergebnis keine Gedanken zu machen. Die Früchte der Arbeit werden sich in der Zukunft manifestieren. Gedanken an die Vergangenheit und die Zukunft sind bedeutungslos. Was vorher war, ist nicht mehr; es besitzt keine Gültigkeit mehr. Selbst wenn du weiter über den Fehlschlägen der Vergangenheit brütest, werden sie dadurch nicht richtiggestellt. Auch die Zukunft liegt nicht in unserer Hand. Sie liegt in der Kontrolle des Höchsten. Was auch immer geschieht, es ist Gottes Wille. Akzeptiere alles.

❖

Wer bei der Arbeit an die Früchte seines Tuns denkt, ist nicht in der Lage, seine Fähigkeiten oder Talente voll einzusetzen. Er sollte die Früchte vergessen, um den vollen Gewinn seiner Arbeit auszuschöpfen. Rechtschaffenheit bei der Arbeit ist sehr wichtig. Handlungen, die aufrichtig und aus vollem Herzen verrichtet werden, müssen gute Früchte tragen. Wenn du dir dagegen Gedanken um die Früchte machst, wird es dir nicht nur mißlingen, die nötige Bemühung einzusetzen, sondern du wirst auch nicht das erwartete Ergebnis erreichen. Ein gewisses Maß an Hingabe ist bei jeder Handlung erforderlich.

Um aus jeder Handlung, welcher Art sie auch sein mag, vollen Nutzen zu ziehen, muß sie mit Liebe getan werden. Das ist absolut notwendig. Ohne diesen Faktor der Liebe werden deine Handlungen sich als mangelhaft erweisen. Eine Handlung ohne Liebe ist eine Sünde. Ebenso kommt es einer Sünde gleich, eine Arbeit mit Zögern zu verrichten. Arbeit, die mit einer negativen Einstellung verrichtet wird, bringt Unglück. Das Interesse und die Intensität, die du aufbringst, zeigen deine Aufrichtigkeit und Liebe.

Eine Arbeit zu übernehmen, die du gern tust, ist keine große Sache. Jeder kann eine Arbeit tun, die ihm oder ihr liegt. Daran ist nichts Besonderes. Verrichte jede Arbeit mit Gleichmut und sei über persönliche Vorlieben erhaben.

Wir sehen Menschen bei der Arbeit. Arbeit allein kann Menschen nicht selbstlos machen. Sie arbeiten, um ihren Lebensunterhalt zu verdienen. Da sie für Ehre, soziale Stellung und berufliche Position arbeiten, wird ihre Arbeit nur ihr Ego stärken. Eine solche Arbeit ist Nahrung für das Ego. Von Wünschen getriebene Handlungen können dich nicht zur Selbstlosigkeit führen. Sie können dir nicht dabei helfen, dich in tiefe Meditation zu versenken, denn selbstsüchtiges Handeln erzeugt noch mehr geistige Wellen, mehr Vasanas und mehr Wünsche. Wirkliche Meditation wird erst stattfinden, wenn du wahrlich selbstlos geworden bist, weil Selbstlosigkeit die Gedanken beseitigt und dich tief in die Stille führt.

Wer selbstlos handelt, grämt sich nicht über die Vergangenheit. Er sorgt sich nicht um die Zukunft. Entspannt arbeitet er mit Konzentration, Liebe und Hingabe. Sein Geist ist nicht gespalten, sondern klar ausgerichtet. Da er sich geistig auf ein Ziel konzentriert, erhält er enorme Energie. Nur solche Menschen können eine Gesellschaft als Ganzes erhöhen und transformieren.

❖

Die Wahrheit ist, daß nur Menschen die Fähigkeit besitzen, den höchsten Zustand der Liebe und Selbstlosigkeit zu erlangen. Dies hängt jedoch von unserem Denken und Handeln ab. Diese Welt gehört uns. Es liegt an uns, ob wir sie zum Himmel oder zur Hölle machen. Alles andere in der Natur bleibt genau so, wie es ist. Nur der Mensch hat die Möglichkeit der Wahl; wählt er den falschen Weg, geht alles schief. Er kann sich ein Lager aus giftigen Dornen oder aus göttlich duftenden Blumen bereiten. Immer weiter entfernen sich die Menschen, ob bewußt oder unbewußt, vom wahren Leben und nähern sich dem Tod. Obgleich Unsterblichkeit ohne weiteres erlangt werden kann, wird sie ignoriert.

❖

Zweifel und Angst haben uns von wahrer Freude und Unsterblichkeit fortgerissen. Diese verlorene, vergessene Freude kann jedoch wieder erlangt werden, wenn wir uns nur um Selbstlosigkeit bemühen. Durch die Einstellung zu selbstloser Liebe und selbstlosem Handeln kann Unsterblichkeit, unser wahrer Zustand, wiedererlangt werden.

Vollständige Selbstlosigkeit ist erst möglich, wenn man Selbstverwirklichung erlangt hat. Bevor dieser Zustand erreicht ist, sind all unsere sogenannten selbstlosen Taten nichts als Versuche, diesen höchsten Zustand der Selbstlosigkeit zu erreichen. Selbstloses Handeln ist nur möglich, wenn das Ego vollständig ausgelöscht ist. Bis dahin sind all unsere Taten mit Selbstsucht belastet. Selbstlosigkeit ist das Ziel. Handeln in Verbindung mit Meditation und anderen spirituellen Praktiken ist der Weg, um den Zustand der Selbstlosigkeit zu erlangen. Meditation und Handeln sollten immer im Gleichgewicht sein. Handeln allein kann uns nicht zum Ziel bringen. Handeln mit einer Einstellung der Selbstaufgabe und Liebe ist der richtige Weg. Unser Handeln sollte fest in den wesentlichen Prinzipien der Spiritualität verwurzelt sein, sonst wird es nicht zum Ziel führen.

❖

Wenn du versuchst, selbstlose Handlungen zu verrichten, werden zwangsläufig Reibungen und Konflikte auftreten. Diese Dinge sind unvermeidlich, besonders wenn du in einer Gruppe arbeitest. Reibung und Konflikt werden deinen Geist zuweilen aufwühlen. Dies wiederum könnte dazu führen, daß deine Begeisterung und Stärke abnehmen und du dich vom Ideal der Selbstlosigkeit weniger inspiriert fühlst und zwangsläufig Zorn, Haß und Rachegedanken entstehen. Um dich von all diesen negativen Gefühlen zu befreien und immer die richtige Einstellung zu behalten, mußt du meditieren, beten und Selbstbetrachtung üben. Dein spirituelles Wachstum darf nicht von deinen Gedanken blockiert werden. Du solltest keine feindlichen Gedanken anderen gegenüber hegen.

Selbstloses Handeln ist der äußere Ausdruck selbstloser Liebe. Wenn das Herz von Liebe erfüllt ist, drückt sich das als selbstloses Handeln aus. Das eine ist ein tiefes inneres Gefühl, das andere seine äußere Manifestation. Ohne tiefe, bedingungslose Liebe kann es kein selbstloses Handeln geben.

❖

Bevor du Verwirklichung erlangt hast, werden deine Handlungen, die du im Namen selbstlosen Dienstes verrichtest, von Selbstsucht beeinflußt sein, weil alles durch deinen Geist gefiltert wird. Nur solche Handlungen, die direkt vom Selbst und vom Herzen kommen, können selbstlos sein.

❖

Niemand wird über Nacht rein und selbstlos; das erfordert Zeit und konzentrierte Bemühung, verbunden mit enormer Geduld und Liebe. Vollbringe deine weltlichen Taten, ohne dabei zu vergessen, daß dein letztendliches Ziel im Leben die Befreiung von allen Bindungen und Begrenzungen ist. Denke immer daran, daß du ein höheres Ziel erreichen willst.

❖

Jede Handlung, die mit der richtigen Einstellung, dem richtigen Verständnis und Urteilsvermögen vollbracht wird, bringt dich der Befreiung näher. Doch wird die gleiche Handlung ohne die richtige Einstellung vollbracht, schafft sie nur Bindung.

challenger 2003 SUMMER 1-1-A

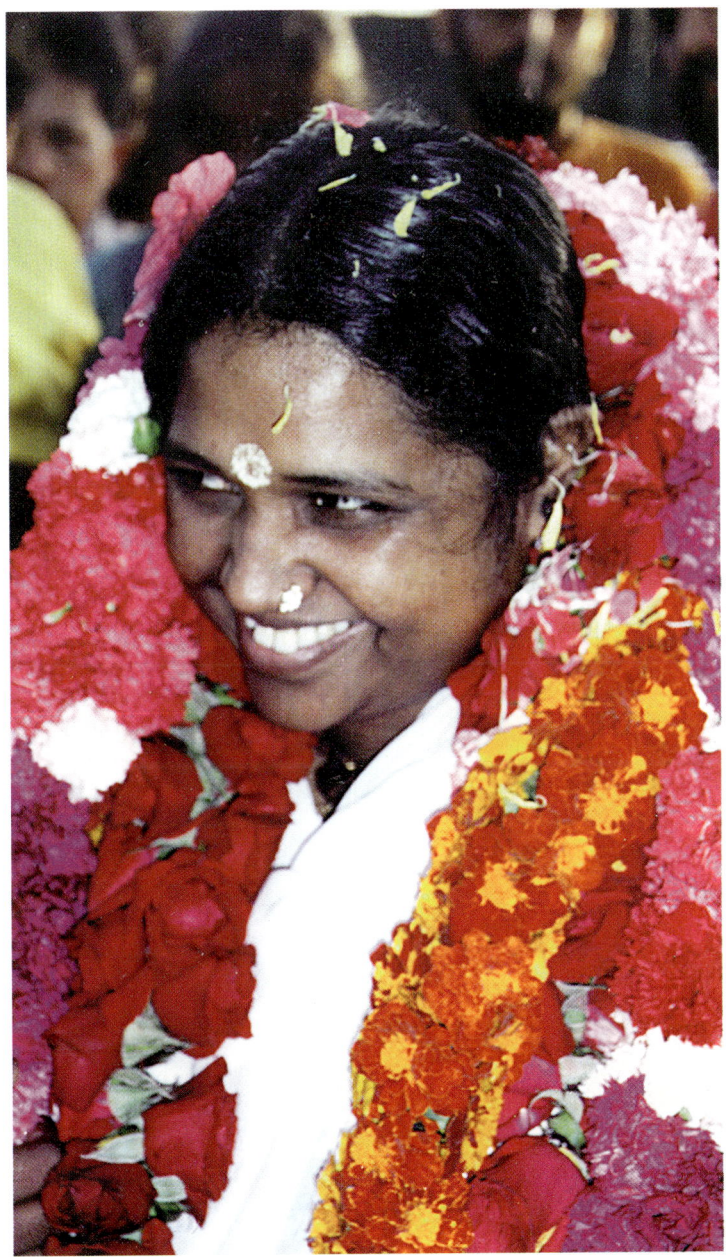

„Hingabe löst jegliche Angst und Anspannung. Hingabe führt zu Frieden und Glückseligkeit. Hingabe bedeutet, alles ohne das geringste Gefühl von Kummer oder Enttäuschung willkommen zu heißen und zu akzeptieren."

„Liebe kann alles und jedes ereichen. Liebe kann
Krankheiten kurieren. Liebe kann verwundete
Herzen heilen und den menschlichen Geist transformieren. Liebe überwindet alle Hindernisse.
Liebe kann uns helfen, allen physischen, mentalen
und intellektuellen Anregungen zu entsagen und
dadurch Frieden und Glück zu finden. Liebe kann
eine andere Welt erschaffen, in der du unsterblich
und vom Tod befreit bist."

„Kinder, in der Schöpfung gibt es Unwissenheit und Wissen,
Urteilsvermögen und Kritiklosigkeit. Gottes Wille ist es, daß
wir mit unserem Handeln nur Gutes bewirken, indem wir das
Unterscheidungsvermögen anwenden, das Er uns verliehen hat."

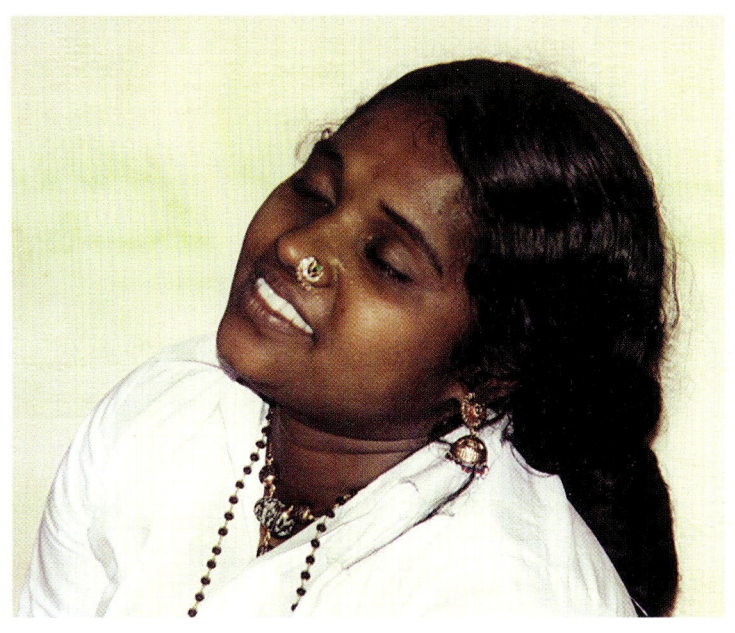

„Alle Lebewesen sehnen sich nach Liebe.
Solange wir nach weltlicher Liebe suchen,
werden wir leiden, so wie ein Glühwurm
in der Flamme stirbt. Alles Streben nach
weltlicher Liebe endet in Tränen. Das ist
die gegenwärtige Geschichte unserer Leben.
Die Menschen verbringen ihr Leben in
Unkenntnis der Glückseligkeit, die man
durch reine Liebe zu Gott erhält.“

„Meditation ist konstantes, auf Gott ausgerichtetes Denken,
das wie das Fließen eines Flusses ist. Du erreichst diesen
Zustand nur durch ungeteilte, auf einen Punkt ausgerichtete
Meditation."

„Durch Meditation können wir alles erreichen, einschließlich Glückseligkeit, Langlebigkeit, Anmut, Gesundheit, Stärke, Intelligenz, Kraft und Vitalität. Aber sie sollte in Einsamkeit und auf die richtige Weise praktiziert werden."

„Bete um Gottes Gegenwart und versuche sie in all deinem Tun zu spüren; sei dankbar für Seine Gnade. Gottes Macht kannst du nur anrufen, indem du dich Ihm hingibst. Hingabe heißt, demütig zu werden, sich tief verbeugen zu können."

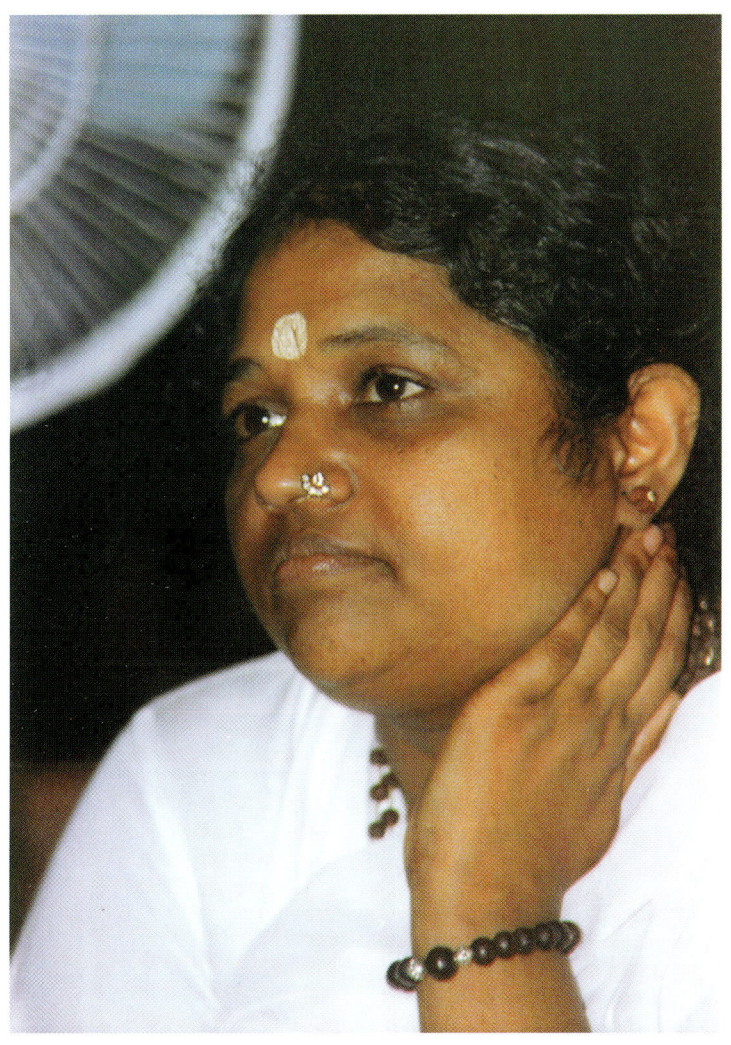

„Versuche, das Gute wie das Schlechte willkommen zu heißen und zu empfangen. Versuche, eine Einstellung zu entwickeln, die dich selbst dem Tod mit einem Lächeln begegnen läßt. Dies ist der Weg zur Zufriedenheit."

„Kinder, das Singen von spirituellen
Liedern hilft, unseren Geist zu weiten und
mehr Energie zu bekommen. Wenn die
Herrlichkeit Gottes besungen wird, werden
wir konzentriert. Die Ausrichtung auf ein
universelles Ziel klärt unsere Gedanken und
Gefühle und darüber hinaus auch die der
Zuhörer. Ebenso werden die Atmosphäre
und die Natur gereinigt."

„Die Erscheinung von Amma während des Devi Bhava
dient dazu, uns von den beschränkten Wahrnehmungen
des Selbst zu befreien und an das Höchste zu erinnern,
welches unsere wahre Natur ist."

„Mein Wunsch ist, daß meine
Hände noch bei meinem letzten
Atemzug die Schulter eines
Menschen berühren, daß ich
jemanden trösten und streicheln
kann."

„Kinder, wenn wir einmal
bei Gott Zuflucht genommen
haben, gibt es nichts mehr
zu fürchten."

„Kinder sollten mit Verständnis
für ihre Kultur aufwachsen und
Hochachtung dafür empfinden.
Sie können mit dem Göttlichen
vertraut gemacht werden, indem
man ihnen Geschichten von Gott
und Heiligen erzählt."

„Wenn du dich mit äußerster Demut vor allem Leben verneigst,
verneigt sich das Universum vor dir und ist dein Diener. Wenn es
keinen Verstand und kein Ego gibt, bist du eins mit allem Sein,
das Universum und alle Wesen sind deine Freunde."

GOTTESVEREHRUNG – RITUALE

Wenn du zum Tempel gehst, wird dir das gut tun, denn die Schwingungen dort unterscheiden sich von den Schwingungen eines Hauses oder anderer Orte, an denen weltliche Geschäfte abgewickelt werden. Im Tempel denkt jeder an Gott. Die Kraft, die von der dort verehrten Götterstatue ausgestrahlt wird, erfüllt den Geist mit Ruhe und Gelassenheit. Die Atmosphäre ist konzentriert und von dem ausgerichteten Denken derer durchdrungen, die sich dort versammeln, um Gott zu verehren. Weil in einer solchen Atmosphäre jeder an Gott denkt, fällt es auch anderen leicht, konzentriert zu sein. Doch wir sollten die richtige Einstellung haben, wenn wir in einen Tempel gehen.

❖

Gott wohnt in Tempeln, doch glaube nicht, daß er von den vier Wänden des Tempels begrenzt wird. Glaube fest an Gottes Allgegenwart. Zu Anfang kann ein Sucher den Gottesdienst im Tempel als Sprungbrett benutzen, doch das wirkliche und endgültige Ziel liegt jenseits all dieser Dinge.

Die Götter werden auf Beschluß des Menschen geschaffen und eingesetzt. Die Beschlüsse des Menschen sind begrenzt; diese Tatsache spiegelt sich in seinen Schöpfungen. Gott jedoch ist allmächtig. Seine Macht schwindet nicht, noch wächst sie an. Seine Macht bleibt in Ewigkeit erhalten. Der Unterschied zwischen den Göttern und Gott ist dem Unterschied zwischen Tier und Mensch vergleichbar. Auch wenn alles eins ist, so besitzt das Tier doch nicht das Urteilsvermögen des Menschen.

❖

Wenn du einen Stein verehrst, so hört er auf, ein bloßer Stein zu sein. Der Beschluß, daß der Stein Gott ist, ist die Grundlage seiner Verehrung.

❖

Benutze das Mantra, indem du es ständig rezitierst, und es wird dich in den Zustand der Verwirklichung versetzen. Während der Einweihung in das Mantra nimmst du etwas von der spirituellen Kraft des Meisters in dich auf. Das Mantra, das von einem Satguru vergeben wird, bringt dich auf die höchste Ebene der Existenz. Beginne damit, das Mantra leise zu rezitieren, wobei du deine Lippen bewegst. Sodann rezitiere es im Geiste. Später rezitiere das Mantra mit jedem Ein- und Ausatmen, bis es zu einer selbstverständlichen und kontinuierlichen Erfahrung wird. Du wirst schließlich einen Zustand der Meditation erreichen, in dem der Geist zu vollendeter Ruhe gelangt und *japa*, die Wiederholung des Mantras, von selbst aufhört.

Im Anfangsstadium des spirituellen Lebens sind *puja* und andere religiöse Bräuche notwendig. Sie sind ein Weg, um den ruhelosen Geist zu reinigen. Die ruhelose Natur des Geistes kann dadurch kontrolliert werden, daß man ihn mit der Erinnerung an Gott oder den Guru beschäftigt. Denn während der Reinigung des Puja-Raums und des Puja-Zubehörs, beim Blumenpflücken und Girlandenflechten und während der Puja ist der Geist immer auf die Verehrung des Herrn ausgerichtet. Dieser eine Gedanke ersetzt die vielen zusammenhanglosen Gedanken und schenkt eine Empfindung innerer Ruhe. Zu Anfang sollten Ort, Zeit und Zubehör für den Gottesdienst festgelegt sein. Durch beständiges Üben wird ein Stadium erreicht, wo man zu jeder Zeit und an jedem Ort im Geiste einen Gottesdienst halten kann. Doch dies ist erst möglich, wenn der Geist durch Konzentration und Hingabe verfeinert ist. Danach ist man in der Lage, jede Handlung als Gottesdienst zu verrichten.

Die vedischen Rituale und die Mantras, die ein Bestandteil dieser Rituale sind, reinigen die Atmosphäre und sind eine Wohltat für die Menschen. Doch wie wichtig und wertvoll die Rituale auch sind, so sollte der, der sie praktiziert, danach streben, über sie hinauszugehen und die Wahrheit in sich zu erfahren. Das ist das Ziel der Religion: zu erkennen, daß es keinen Gott und keine Göttin außerhalb unseres innersten Selbst gibt. Diese höchste Erfahrung, das Einssein mit der Wahrheit, ist die Grundlage aller religiösen Lehren. Wozu sollte man sonst Spiritualität oder vedische Rituale praktizieren, wenn sie nicht zu dieser Einheit führten?

Nicht nur vedische Rituale, sondern alles Karma (Tun) soll uns helfen, eine gewisse geistige Reinigung zu erlangen. Dies ist jedoch nur mit der richtigen Einstellung möglich. Sobald Geist und Sinne gereinigt sind, sollten wir allem Tun entsagen und uns auf der Suche nach der Wahrheit nach innen wenden. Wenn wir diese Reinheit erlangt haben, verstärkt sich unser Verlangen, die Wahrheit der Existenz zu erkennen, und wir wenden uns automatisch nach innen. Diese Sehnsucht wird uns schließlich helfen, die höchste Wahrheit zu erkennen. Im Zustand der Einheit gibt es keine Veden, keine Götter oder Göttinnen – da existiert allein dein Selbst. Alles wird als ein und dasselbe Selbst erfahren. Für einen Menschen, der das höchste Wissen verwirklicht hat – die Erkenntnis, daß alles Atman ist –, hören die Veden auf, Veden zu sein, und die Götter sind nicht mehr Götter.

❖

Die Bilder verschiedener Götter und Göttinnen erinnern un an die höchste Realität. Da Gott überall ist, ist Er auch im Stein. Wenn wir nun einen Stein mit der Einstellung verehren, daß Gott in ihm ist, erfährt unser Geist Konzentration. Nicht der Stein, sondern wir profitieren davon. Wir gelangen zum Frieden des Geistes.

❖

Die Wirkung der Rituale, wie das konzentrierte Rezitieren eines Mantras, erreicht die Seele des angesprochenen Menschen, wo immer er sich befindet.

Hast du Entschlossenheit und aufrichtige Sehnsucht, wirst du mehr als genug Zeit finden, das Mantra zu rezitieren. Das höchste Ziel des Lebens ist Selbstverwirklichung. In diesem Wissen müssen wir die vergängliche Natur der Welt verstehen und mit starkem Glauben, Entschlossenheit und voller Konzentration unser Mantra rezitieren, sooft es uns möglich ist. Du versuchst das Meer der Seelenwanderung zu überqueren, den Kreislauf von Geburt und Tod. Das Mantra ist das Ruder des Bootes, mit dem du das *samsara* deines ruhelosen Geistes mit seinen endlosen Gedankenwellen überquerst. Das Mantra kann überall und zu jeder Zeit rezitiert werden. Du solltest es immer rezitieren. Durch die ständige Rezitation des Mantras und die Vergegenwärtigung der Gottheit, die dieses Mantra verkörpert, wirst du nach und nach die Eigenschaften dieser Gottheit annehmen.

❖

Wenn du eine Form verehrst, so erlangt sie Macht. Du überträgst Leben auf sie. Wenn du jemandem mit Konzentration deinen Gruß erweist, fließt Kraft von dir zu ihm und von ihm zu dir. Wenn die Verehrung allerdings eingestellt wird, dann kann dieselbe Kraft dir Schaden zufügen.

❖

Weniger Gedanken bedeuten größeren inneren Frieden. Mehr Gedanken bedeuten geringeren inneren Frieden. Wenn wir zu einem Tempel gehen, herrscht dort aufgrund der gedanklichen Konzentration eine friedliche Atmosphäre. Deshalb finden wir Frieden, wenn wir zum Tempel gehen.

SADHANA –
SPIRITUELLE PRAXIS

Alle Menschen sind von Natur aus verschieden. Deshalb sollte jeder eine Art der Unterweisung erhalten, die ihm persönlich weiterhilft und so seinen geistigen Fortschritt fördert. Spirituelle Praxis ist eine Medizin, die alle Krankheiten heilen kann, deren Ursprung im Wesen unseres Daseins liegt. Doch wenn der Patient die falsche Medizin erhält, kann großer Schaden entstehen.

❖

Welchem Weg du folgen sollst, hängt von der spirituellen Veranlagung ab, die du aus früheren Leben mitgebracht hast. Diese Geburt ist eine Fortsetzung des vorherigen Lebens. Welchen Weg du auch gehst, dein Geist sollte sich spontan zu ihm hingezogen fühlen.

❖

Das alleinige Ziel aller spirituellen Übungen ist die Unterwerfung des Geistes.

Wenn wir die höheren Stufen des *sadhana* erreichen, können wir alle Steine und Holzstücke zu uns sprechen hören. Sie sind nicht leblos, sondern bewußt. Wir kennen Materie nur auf der empirischen Ebene. Doch alles ist ein und dasselbe Bewußtsein.

❖

Faulheit ist es, zu denken, daß alles von selbst gut wird. Trägheit ist ein großes Hindernis.

❖

Dein geistiger Weg kann dir nur von den dir innewohnenden spirituellen Voraussetzungen und deiner geistigen Verfassung gewiesen werden. Niemals kann ein bestimmter Weg als der einzig wahre Weg für jedermann verkündet werden.

❖

Für jedermann gibt es einen passenden Weg, den Geist auf das Selbst auszurichten. Aber verstricke dich nicht allzulange in Bilderverehrung. Es gibt ein Stadium des Sadhana, wo alle Formen eins werden und verschwinden; der formlose Zustand wird erreicht. Doch auch wenn der eine oder andere die Welt als Illusion erkennt, erscheint sie anderen als wirklich. Schriften und Wege sind zur Erbauung derer, die in Unwissenheit umherwandern, nicht für die, die die Wahrheit kennen und das Ziel erreicht haben.

❖

Sadhana dient dazu, die bestehenden Vasanas zu vermindern, nicht sie zu vermehren. Wenn du zornig wirst, zerstört das nicht die Kraft, die du durch spirituelle Praxis gesammelt hast. Es verstärkt jedoch deine negativen Neigungen. Indem du mehr Negativität erzeugst, verlängerst du den Weg zur Selbstverwirklichung, weil nun zusätzliche Bemühung erforderlich wird.

Die spirituelle Energie, die du durch dein Sadhana erlangt hast, bleibt in dir bestehen. Weder deine Bemühungen noch die Früchte deiner Taten können zerstört werden. Im Gegensatz zu deinen Bemühungen, die du auf weltliche oder materielle Ziele verwendest, ist spirituelle Praxis niemals vergeblich. Die Kraft, die hierdurch erlangt wird, bleibt in dir bestehen; sie kann weder zerstört werden noch verlorengehen, auch nicht nach mehreren Leben. Deine Taten müssen Früchte tragen.

❖

An bestimmten Tagen, wie dem elften Tag des Mondmonats oder bei Vollmond, ist die Atmosphäre in höherem Maße als sonst verunreinigt. Besonders an diesen Tagen sollte man Sadhana wichtig nehmen, weil dadurch eine höhere Konzentration erlangt werden kann. In dieser Zeit sollte man sich ausschließlich von Früchten ernähren, da sie aufgrund ihrer Schale von der Umweltverschmutzung weniger betroffen sind. Bei Getreide und Gemüse ist der Grad der Verunreinigung höher. Des weiteren sollte man diese Tage schweigend verbringen. Je mehr du sprichst, desto mehr atmest du von der verschmutzten Luft ein. Die Beherrschung des Geistes und die Konzentration erhöhen sich, wenn man weniger ißt.

Konzentration ist die wichtigste Sache, die wir erwerben müssen. Ohne Konzentration wird keine Arbeit vollkommen.

❖

Anfangs fällt es schwer, sich zu konzentrieren. Ständiges Üben ist der einzige Weg, Konzentration zu erlangen. Um das Ziel zu erreichen, bedarf es starker Entschlossenheit. Wir müssen einen Weg finden, Konzentration zu erlangen. Meditation und andere spirituelle Übungen dienen allein diesem Zweck. Wissenschaftler machen Entdeckungen durch konzentriertes Forschen. Selbst hier ist Konzentration vonnöten.

MEDITATION

Durch Meditation können wir alles erreichen, einschließlich Glückseligkeit, Langlebigkeit, Anmut, Gesundheit, Stärke, Intelligenz, Kraft und Vitalität. Aber sie sollte in Einsamkeit und auf die richtige Weise praktiziert werden.

❖

Deine Sinne sind die Türen und Fenster, durch die du dich von deinem inneren Selbst entfernst. Durch die Türen und Fenster der Sinne kannst du das Selbst nicht sehen. In Wirklichkeit brauchst du sie nicht, um dein Selbst zu sehen. Du brauchst die Tore der Sinne, um die äußere Welt wahrzunehmen, das innere Selbst aber vermagst du durch diese Sinne nicht zu erfahren; denn dieses Selbst kann da draußen in der Welt nirgends gefunden werden. Das Selbst ist in dir. Mit der Technik der Meditation kannst du die Türen und Fenster der Sinne verschließen und dich so nach innen wenden und dein Selbst schauen.

❖

Gott allein ist ewig. Zu Ihm zu gelangen ist unseres Lebens Ziel. Dies solltest du nicht vergessen. Das Singen des Göttlichen Namens ist der beste Weg. Stell dir vor, daß deine geliebte Gottheit überall im Raum steht. Dann bete: „O Herr, siehst du mich nicht? O Gott, bitte nimm mich auf deinen Schoß. Ich bin dein Kind. Du bist meine einzige Zuflucht. Verlasse mich nicht, sondern wohne in meinem Herzen immerdar." – „O Herr, wo bist du? Wasche mich rein von meiner Unwissenheit, von meinem Ego."

❖

Es ist unmöglich, sich eine Eigenschaft, wie zum Beispiel Liebe oder Wahrheit, ohne Verbindung zu einer Form vorzustellen, da Eigenschaften in sich ohne Form sind. Um uns eine Eigenschaft vorzustellen, brauchen wir ein Objekt, dem diese Eigenschaft innewohnt. Unser Geist ist so grobstofflich, daß wir uns unmöglich einen formlosen, unveränderlichen und eigenschaftslosen Gott vorstellen können. Deshalb benötigen wir ein Objekt, das mit göttlichen Eigenschaften ausgestattet ist. Krishna, Rama, Buddha oder Christus sind solche Wesen. Unser Geist besitzt die Gewohnheit, sich immer auf irgendeine Unterstützung zu verlassen. Irgendwie finden wir immer jemanden, dem wir unser Herz öffnen. Wer bei anderen Trost suchen muß, ist nicht in der Lage, einen Gott ohne Form und Eigenschaften zu empfangen. Wir brauchen für unsere Verehrung Namen und Form. Da Brahman, der Eigenschaftslose, in Krishna, Rama oder Christus verkörpert ist, sollten wir eine Beziehung zu ihnen entwickeln. Dabei verehren wir nicht ihren Körper, sondern die großen Ideale, die sie verkörpern.

Alleinsein, innere Einsamkeit hilft dir, dich zu entspannen. Diesen Zustand des Alleinseins kann man nur durch Meditation erreichen. Um völlige Entspannung zu fühlen und schließlich den Zustand vollkommenen Alleinseins zu erreichen, muß jede Beeinflussung durch die Vergangenheit und die Zukunft aufhören. Nur dieser Moment existiert, und nur er sollte erlebt werden. Meditation ist die Technik, die es dir ermöglicht, im gegenwärtigen Moment zu sein. Durch Konzentration auf beispielsweise eine Form, auf einen Klang oder auf Licht lernen wir, fortwährend in diesem Zustand inneren Alleinseins zu verweilen und jeder gegebenen Situation voll Freude zu begegnen. Alle spirituellen Übungen dienen dazu, dieses Alleinsein, diese Ausgerichtetheit des Geistes zu erfahren. Unser Glück ist in Wirklichkeit nicht von Äußerlichkeiten abhängig. Wir sollten unabhängig werden – abhängig nur von unserem eigenen Selbst, der wahren Quelle aller Freude.

❖

Sich an Gott erinnern heißt vergessen. Wahre Konzentration auf Gott heißt, vollständig und absolut im Hier und Jetzt zu sein, Vergangenheit und Zukunft zu vergessen. Das allein ist wahres Gebet. Diese Art von Vergeßlichkeit hilft dir, den Geist zu beruhigen und die Glückseligkeit der Meditation zu erfahren. Echte Meditation ist das Ende allen Elends. Alles Leiden hat seine Ursache im Verstand, und die Vergangenheit gehört zum Verstand. Nur wenn du die Vergangenheit losläßt, und das geschieht durch Meditation, nur dann kannst du deinen Platz im Selbst oder in Gott finden.

Lege einmal in der Woche ein Schweigegelübde ab. Stehe früh am Morgen auf. Ein regelmäßiger Tagesablauf ist sehr hilfreich, um sich alter Gewohnheiten zu entledigen und diese durch neue zu ersetzen. Belaste deinen Geist nicht mit unnötigen Gedanken. In der Meditation sollte man seinen Geist auf die Form der geliebten Gottheit richten. Wir können das Wirkliche nur durch das Unwirkliche erreichen. Weil wir uns in der Unwirklichkeit befinden, vergessen wir die Wirklichkeit. Das von Menschenhand geschaffene Bild soll uns helfen, uns an die Wirklichkeit zu erinnern. Mit der Zeit sollten alle Gedanken ausgeschaltet werden, indem man seinen Geist auf einen Namen oder eine Form Gottes konzentriert. Auch dieser Name und diese Form müssen transzendiert werden, um den endgültigen Zustand zu erlangen. Als erstes müssen wir einen guten Charakter aufbauen. Gute Gedanken werden uns helfen, gute Eigenschaften zu entwickeln. Der Geist besteht nur aus Gedanken. Aus starken Gedanken werden Taten. Aus wiederholten Taten werden Gewohnheiten. Und Gewohnheiten bilden den Charakter.

❖

Meditation bewahrt uns vor jeglicher Aufregung. Man muß nicht unbedingt an Gott glauben, um zu meditieren. Man kann sich auch vorstellen, daß man mit der Unendlichlichkeit eins wird, so wie der Fluß ins Meer mündet. Diese Methode wird einem Menschen mit Gewißheit helfen, dem Zustand der Aufregung zu entkommen.

❖

Wenn Konzentration erlangt ist, bist du in Verbindung mit der inneren Mutter, die dein wahres Selbst ist. Auch wenn du auf den Namen oder die Form eines Gottes oder einer Göttin oder auf Amma meditierst, meditierst du in Wirklichkeit auf dein eigenes Selbst, nicht auf ein äußeres Objekt. In tiefer Meditation existiert keine äußere Welt.

❖

Kopfschmerzen oder Augenschmerzen können die Folge sein, wenn man auf den Punkt zwischen den Augenbrauen meditiert. Auch Schlaflosigkeit kann sich einstellen. In diesem Fall sollte die Meditation vorübergehend abgebrochen werden. Bei Ruhelosigkeit ist es am besten, auf das Herz zu meditieren.

Wenn wir in ständiger Erinnerung an die geliebte Gottheit praktizieren, wird die bezaubernde Form des Herrn im Lotus unseres Herzens erstrahlen. Wenn vollkommene Konzentration erlangt ist, kann sich plötzlich eine Verlangsamung der Atmung einstellen. Für das Praktizieren von *pranayama* sind die Anweisungen und die Gegenwart eines Satgurus unerläßlich. Es ist gefährlich, Pranayama nur anhand von Büchern zu praktizieren.

❖

Nachts ist die ideale Zeit zum Meditieren, denn nachts herrscht eine ruhige und friedliche Atmosphäre. Es gibt weniger weltliche Schwingungen. Blühende Blumen geben reine Luft ab, relativ gering sind die weltlichen Gedanken, und so entsteht eine für Meditation förderliche Atmosphäre.

Wenn nicht eine beträchtliche Veränderung in deinem Bewußtsein und damit in deiner Einstellung erfolgt, werden deine Probleme nicht aufhören. Dann werden sie weiterhin überall auftauchen und dich ständig stören. Dein Geist wird dich weiterhin überreden, dich den Situationen des Lebens zu entziehen, und dich mit falschen Versprechungen für die Zukunft in die Irre führen. Indem du ein weit verbreitetes Mißverständnis ablegst – die Vorstellung, daß deine Probleme der äußeren Lebenssituation zuzuschreiben sind –, kannst du deine Probleme ein für allemal lösen. Erkenne, daß die Schwierigkeiten auf deine eigene Denkweise zurückzuführen sind. Wenn du dir dessen erst einmal bewußt bist, kannst du mit dem Prozeß der Beseitigung deiner inneren Schwäche beginnen. Das Mittel, womit dies erreicht wird, ist die Meditation. Nur die innere Ruhe, die Gelassenheit und Entspannung, die du durch Meditation gewinnst, können dir dabei helfen.

❖

Wenn der Geist sich in weltlichen Gedanken zerstreut, wird kein Fortschritt in der Meditation erlangt. Denn jegliche spirituelle Kraft, die durch Meditation oder andere spirituelle Übungen erreicht wird, verflüchtigt sich durch sinnlichen Genuß. In der spirituellen Praxis sollten wir uns bemühen, den Drang nach weltlichen Freuden zu kontrollieren. Meditation kann praktiziert werden, indem man den Geist zwischen den Augenbrauen oder im Herzen konzentriert. Meditation sollte mit der Überzeugung geübt werden, daß die geliebte Gottheit im eigenen Herzen wohnt.

Wenn es dir schwerfällt, auf eine Form zu meditieren, dann erforsche dich selbst. Verschwende keine Zeit und frage dich: „Wer bin ich?"

❖

Spirituelle Übungen wie Meditation und Gebet rufen das Große Ganze in Erinnerung; sie sind die Erinnerung an Gott, in dem du existierst. Spirituelle Übung erinnert dich: „Ich bin nicht einfach nur ein Teil, sondern ich bin Teil des Großen Ganzen – ja, ich bin eins mit dem Großen Ganzen." Alle Gebete oder Erinnerungen an Gott oder den Guru rufen dir die große Wahrheit ins Bewußtsein: Du bist keine separate Einheit, du bist nicht nur ein begrenztes Einzelwesen, sondern du gehörst Ihm an, du bist Er. Der Zustand höchster Entsagung ist der Zustand der höchsten Losgelöstheit. In diesem Zustand geht man über jede Form hinaus, verliert alles individuelle Bewußtsein und wird eins mit der Unendlichkeit.

❖

Wirkliche Meditation findet statt, wenn der Geist beständig auf den Gegenstand der Meditation ausgerichtet ist. Dies ist ein Zustand ununterbrochener Konzentration. Konzentration ist ein Muß. In diesem materialistischen Zeitalter voller Chaos und Verwirrung ist Meditation, die sehr subtil ist, schwer zu praktizieren. Denn die Atmosphäre ist voll negativer Klänge und Schwingungen.

❖

Die Meditation auf das Formlose erfordert eine überaus hohe Empfänglichkeit. Wer von Geburt an mit einem außerordentlich subtilen Geist ausgestattet ist, kann auf das Formlose meditieren.

In der Gegenwart
leben

In der Gegenwart zu leben ist der spirituelle Aspekt der Hingabe.

❖

Weltliche Bindungen sind nicht von Bedeutung, wenn man seine Unterscheidungskraft ständig einsetzt. Erfülle deine Pflichten, ohne dabei an vergangene Erfahrungen, zukünftige Erwartungen oder die Frucht deiner Taten zu denken. Lebe immer in der Gegenwart und erfülle deine Pflichten als Dienst am Höchsten. Vermeide zu starke Bindung.

❖

Sieh dir ein Kind an. Ein Kind kümmert weder Vergangenheit noch Zukunft. Ein Kind tut alles mit totaler Hingabe. Bei allem, was es tut, ist das Kind voll dabei, es kann nichts halb tun. Kinder leben in der Gegenwart; darum fühlt man sich zu Kindern so hingezogen. Es ist unmöglich, ein Kind nicht zu mögen, da ihm die Häßlichkeit des Egos noch fehlt.

Wenn du dir deiner Hilflosigkeit bewußt wirst, wird dein Herz offen und empfänglich. Du kannst an nichts anderes als an die Sicherheit deines eigenen Lebens denken. Und in diesem Moment bist du, zum ersten Mal in deinem Leben, vollständig wach. Bis dahin hast du geschlafen. Du warst im Schlaf der Erinnerungen an die Vergangenheit oder der Versprechen und Träume der Zukunft. Wenn du durch eine große Bedrohung in Bedrängnis gerätst, dann mußt du zumindest für einige Zeit wach werden, weil du sonst sterben würdest. Wenn zwei Krieger miteinander kämpfen, sind beide ganz wach. Im Moment der Gefahr gibt es für sie keine Vergangenheit und keine Zukunft mehr; sie leben ausschließlich in der Gegenwart. In Zeiten der Bedrängnis werden wir wie diese Krieger. Im Angesicht des Todes überlassen auch wir uns vollständig der Gegenwart.

❖

Wirkliche Entsagung bedeutet, der Vergangenheit und der Zukunft zu entsagen. Die Vergangenheit ist die Mülltonne, in die du all deine Taten geworfen hast. Alles Gute und Schlechte wird hier gelagert. Die Vergangenheit ist eine Wunde. Berühre sie nicht und kratze nicht daran. Mache sie nicht noch größer, als sie bereits ist. Wenn du an der Wunde kratzt – dies passiert, wenn du in deinen Erinnerungen gräbst –, dann infiziert sie sich. Tue das nicht. Laß sie lieber heilen. Eine Heilung ist nur durch Vertrauen und Liebe zu Gott möglich. Dies ist nur in der Gegenwart machbar.

❖

Nur immer mehr Reichtum anhäufen und zu Ehre und Ruhm gelangen, das sollte nicht unser einziger Lebenszweck sein. Pflüge das Feld, säe die Samen aus, achte gut auf die Pflänzchen, jäte das Unkraut, sorge für Wasser und Dünger und warte geduldig ab. Wenn all dies richtig und mit Hingabe und Liebe getan ist, wird es eine reiche Ernte geben. Alle Taten tragen Früchte. Die Zukunft ist die Frucht. Doch sorge dich nicht um die Zukunft. Warte geduldig, lebe in der Gegenwart und laß dein Handeln von Konzentration und Liebe erfüllt sein. Deine Handlungen sind die Gegenwart. Tue alles mit Liebe; finde Glückseligkeit in all deinem Tun. Das ist am allerwichtigsten. Wenn du bei allem, was du tust, ganz im gegenwärtigen Moment bist, sind gute Ergebnisse sicher.

❖

Ebenso wie ein Kind in der Gegenwart lebt, so laß auch du, wenn du liebst, dein ganzes Wesen in dieser Liebe präsent sein, ohne irgendwelche Abstriche und Vorbehalte. Tue nichts halb, sondern tue es ganz, indem du im Moment lebst. Brüte nicht über der Vergangenheit und hänge nicht an ihr. Vergiß die Vergangenheit und höre auf, von der Zukunft zu träumen. Verleihe dir selbst Ausdruck, indem du in der Gegenwart lebst, im Hier und Jetzt. Nichts, weder Bedauern über die Vergangenheit noch Angst vor der Zukunft, darf diesen Fluß unterbrechen, wenn du deine inneren Gefühle ausdrückst. Laß alles los, damit dein ganzes Wesen sich in deiner Stimmung ausdrücken kann. Genau das tut ein Kind.

❖

Eine echte Beziehung ist nur erreichbar, wenn man in der Lage ist, von allen vorgefaßten Ideen und Vorurteilen abzulassen, und nicht länger von der Vergangenheit besessen ist. Dein Verstand ist die Vergangenheit. Halte nicht länger an der Vergangenheit fest; dann wirst du frei und voll Frieden sein. An der Vergangenheit zu hängen ist wie im Dunkeln zu leben. Wir alle wollen im Licht sein. Kämpfe nicht länger mit der Vergangenheit, reagiere nicht länger auf sie; dann wirst du im Licht sein. Dann wirst du alles klar erkennen können, was sich in dir abspielt. Mit dieser Klarheit ist eine echte Beziehung möglich.

STILLER BEOBACHTER
SEIN

Unberührte, unbeeinflußte und losgelöste Zurückhaltung bedeutet Wahrnehmen, ohne zu reagieren. Doch im allgemeinen passiert es, wenn du eine Auseinandersetzung oder einen Streit mit jemandem hast oder jemanden zurechtweisen willst, daß du reagierst, weil du vollständig darin verstrickt und damit identifiziert bist. Wenn du wütend wirst, identifizierst du dich mit deiner Wut und kannst dich nicht davon lösen.

❖

Bindung an die Arbeit und ihre Früchte erzeugt Ego und zerstört deine Fähigkeit, unbefangener Beobachter allen Geschehens zu sein. Losgelöstheit von der Arbeit und ihren Früchten zerstört das Ego und fördert diese Fähigkeit. Bindung erfüllt dein Gemüt mit immer mehr Gedanken und Begierden, die nur Reaktionen hervorrufen. Losgelöstsein entleert das Gemüt aller Gedanken und Begierden, so daß Raum für freie und ungestörte Beobachtung bleibt.

❖

Reaktionen bauen Haß auf. Haß macht das Gemüt zur Hölle.
Ebenso machen Zorn, Neid und unkontrollierbares Verlangen
nach Ruhm und Ehre das Leben zur Qual. Das führt zum Verlust deines inneren Friedens.

❖

Sakshi bhava ist ein Zustand dauernder Losgelöstheit und Unbe-
rührtheit, in dem du alles Geschehen einfach beobachtest, ohne
die Einwirkung des Verstandes und seiner Gedanken. Du kannst
nicht alles beobachten, wenn der Verstand dich ständig unter-
bricht. Der Verstand besteht aus Gedanken. Alles, was er kann,
ist denken und zweifeln. Dieser höchste Zustand, in dem du einfach Zeuge bist, entspricht deiner wahren Natur.

Im Sakshi Bhava wirst du Zeuge von allem. Du beobachtest
einfach alles, ohne jede Bindung oder Beteiligung. Du bist sogar
Zeuge deiner eigenen Gedanken. Wenn du deinen eigenen gedanklichen Prozeß beobachtest, so ist dies kein Denken – du tust
gar nichts. Du bist still.

❖

Wenn du der Zeuge aller Dinge wirst, erhebst du auf nichts mehr
Anspruch. Alles, ob „du" oder „ich", ist der höchste Herr oder
das höchste Bewußtsein. Wenn du diesen Zustand erreicht hast,
kann dich nichts mehr verletzen oder beeinflussen. Du distan-
zierst dich von der Gedankenwelt und bist nicht länger mit dem
Körper identifiziert. Der Körper ist zwar da, aber es ist, als wäre
er tot.

Zeuge sein gehört zum höheren Selbst. Zeuge sein ist ein Zustand reinen Bewußtseins. Der Geist und seine Gedanken sind nicht wirklich. Sie sind unsere Erfindung, unsere eigene Schöpfung. Bewußtsein allein ist wirklich. Das Denken mag dir natürlich erscheinen, doch es ist nicht natürlich. Es gehört nicht zu deiner wirklichen Existenz. Deine Gedanken und dein Ego erzeugen nichts als Ruhelosigkeit und Aufregung. Sie gehören nicht zu dir, und du wirst erst dann Ruhe finden, wenn sie ausgelöscht sind.

❖

Wenn du dich mit einer schwierigen Situation konfrontiert siehst, ist dein erster Impuls, zu fliehen, sie irgendwie zu umgehen und davonzulaufen. Die Menschen meinen, dadurch ihren Problemen zu entkommen. Doch dies ist nicht der Fall. Vielleicht können sie ihnen eine Zeitlang entfliehen, doch früher oder später werden dieselben Schwierigkeiten mit noch größerer Macht wiederkehren. Du mußt verstehen, daß äußere Situationen nicht die Macht haben, dich zu verletzen. Deine eigene Auslegung dieser Situationen ruft das Leid in dir hervor. Eine Situation wird dann zum Problem, wenn du sie falsch interpretierst. Wir müssen dahin kommen, daß wir äußere Situationen nicht interpretieren oder kommentieren. Dies ist nur möglich, wenn wir die Kunst erlernen, Zeuge zu sein. Doch unser Geist ist so schwach und mit Vorurteilen beladen, daß wir automatisch den Situationen zum Opfer fallen und uns irreführen lassen. Das Problem entsteht, wenn du negativ auf diese Situationen reagierst. In anderen Worten: Der Ursprung deiner Probleme liegt in dir.

Du verlierst die Liebe in dir, die Schönheit in dir, und deine Gedankenwelt wird zum Irrenhaus. Reaktionen erzeugen nur Chaos und Verwirrung in dir. Schon der Gedanke daran, zu reagieren, trübt deinen Blick; deine Urteilskraft geht verloren.

❖

Das Problem liegt weder im Verstand noch in der Vergangenheit; es liegt darin, daß du dich mit dem Verstand, mit deiner Vergangenheit identifizierst. Die gedankenlose Bindung, das Gefühl von „ich" und „mein" ist das Problem. Wenn du die Kunst erlernst, dich von deiner Bindung zu lösen und einfach Zeuge zu sein, dann wird sich deine Sichtweise ändern.

❖

Unklugerweise identifizierst du dich mit deinen Gedanken. So schaffst du dir dein eigenes Gefängnis, in dem du eingeschlossen bist. Wie willst du dich befreien? Es ist ganz einfach. Du brauchst nur den Griff zu lösen und deine Mitarbeit einzustellen. Laß einfach los.

❖

Um Zeuge zu sein, muß man sich im höchsten Zustand der Loslösung befinden. Ein Bindungen unterworfenes Gemüt kann nicht Zeuge sein; es kann sich nur an Gedanken und Dinge binden. Für einen Zeugen gibt es nicht die Erfahrung von „ich" oder „mein".

Ungeduld ist destruktiv. Habe Geduld. Wahres Leben ist Liebe. Liebe kennt keine Eile. Du mußt Geduld haben. Wenn du inmitten einer ärgerlichen Situation bist, beobachte einfach das Geschehen. Sei nicht beleidigend. Reagiere nicht. Versuche zu erkennen, daß das wahre Problem nicht in dem Geschehen selbst, sondern in deiner Reaktion liegt. Bemerkst du, daß du negativ reagieren wirst, dann halte an diesem Punkt inne. Höre auf zu sprechen.

❖

Menschen, die kämpfen, sind Teil des Kampfes. Negative Energie und negative Gefühle wie Zorn, Haß und Rachsucht verdunkeln ihren Geist und machen sie blind. Wenn negative Energie vorherrscht, bist du nicht wirklich bewußt und kannst deshalb auch nicht Zeuge sein.

❖

Die Fähigkeit, Zeuge zu sein, liegt in jedem Menschen. Zeuge sein ist nur möglich, wenn das Gemüt ruhig und gelassen ist, wenn du losgelöst bist. Ein Mensch mit vielen Bindungen kann anderen nicht wirklich helfen. Das Verweilen im Zustand des Sakshi Bhava ist der wirkliche Sinn des Lebens. Dieser höchste Zustand des Zeugeseins ist der Punkt, um den sich alles Leben und das gesamte Universum dreht. Wenn du einmal diese Kunst gelernt hast, in allen Lebenslagen voll bewußt zu sein, dann wirst du immer Zeuge all dessen sein, was um dich herum geschieht, ohne dich darin zu verstricken.

Der Verstand ist deine Vergangenheit. Laß die Vergangenheit sterben. Befreie dich von ihr. Wenn deine Vergangenheit, deine Gedanken und Erinnerungen gestorben sind, dann lebst du vollständig in der Gegenwart, dann bist du einfach Zeuge. Nur solange es Gedanken gibt, kann die Vergangenheit existieren. Wenn die Gedanken ausgelöscht sind, verschwindet die Vergangenheit, und du wohnst in deinem eigenen Selbst. Das Selbst ist reines Bewußtsein.

Wir sollten versuchen, die wahre Natur der Dinge zu erkennen. Die Natur von irgend etwas, sei es eine Sache oder ein Lebewesen, kann nicht anders sein, als sie ist. Wenn man dies verstanden hat, kann man nur noch offen sein. Dann kann man nur für das Wohlergehen anderer beten, dann gibt es nur noch Sympathie und Liebe. Frösche quaken, und Grillen zirpen des Nachts. Das ist ihre Natur; sie können nicht anders. Auch wenn das deinen Unmut erregt, so wird sich ihre Natur doch nicht ändern.

Die Identifikation mit einem Gedanken verleiht diesem Macht, und der Gedanke schreitet fort und wird zur Tat. Wenn keine Identifikation mit einem Gedanken besteht, besitzt dieser auch keine Macht – er wird schwach und unwirksam. Wenn du einen Gedanken wahrnimmst und dich nicht mit ihm identifizierst, dann bezeugst du ihn. Wenn du Zeuge bist, dann bist du voll bewußt.

Der Verstand besteht aus negativer Energie. Deine Gedanken sind negative Energie, ebenso wie deine Vergangenheit. Zeuge werden heißt, wirklich zu erwachen.

Sei entspannt

Mißerfolge passieren zwangsläufig. Sie sind ein natürlicher Bestandteil des Lebens. Denke daran, daß jeder Mißerfolg die Botschaft von Erfolg in sich trägt. Du mußt nicht enttäuscht oder frustriert sein. Verharre nicht im Dunkel. Komm hinaus ins Licht.

❖

Lege alle Reue aus der Vergangenheit ab und entspanne dich. Entspannung wird dir helfen, mehr Stärke und Vitalität zu erlangen. Entspannung ist eine Technik, die dich einen Funken deiner wahren Natur, die unendliche Kraftquelle deiner Existenz erkennen läßt. Lerne dich in Zeiten von Streß und Anstrengung zu entspannen. Lerne beiseite zu treten und die negativen Gedanken, die verletzten Gefühle und die Seelenqual, durch die du gehst, einfach an dir vorbeiziehen zu lassen. Laß den Streß und die Qual nicht an dich heran. Wenn du diese Technik erlernst, dann erkennst du, daß die Spannung, die Bürden und die Negativität, die du in dir trägst, zum Verstand gehören; sie gehören nicht zum inneren Selbst, deinem wahren Wesen.

Fortwährend bewußt zu sein ist nur dann möglich, wenn du entspannt bist. Ein angespannter, erregter Mensch, der ständig über die Fehlschläge in seinem Leben nachgrübelt, kann weder aufmerksam sein noch voll bewußt in diesem Moment leben. Dasselbe gilt für den, der immerfort von der Zukunft träumt. Beide Stimmungen machen dich träge; du verlierst deine Kreativität und kannst nicht produktiv sein. Entspannung jedoch wird deine Aufmerksamkeit verstärken und dein wahres Wesen zum Vorschein bringen. Nur ein entspannter Mensch kann aufmerksam und bewußt sein.

RICHTIGE ERNÄHRUNG

Eine kontrollierte Ernährung ist in jeder Hinsicht vorteilhaft. Der Körper besteht aus Nahrung. Die guten wie die schlechten Eigenschaften der Nahrung spiegeln sich im Körper wider. Da Körper und Geist eng miteinander verbunden sind, beeinflußt all das, was dem Körper widerfährt, auch den Geist, und umgekehrt verhält es sich ebenso.

❖

Bevor man Essen zu sich nimmt, sollte man es Gott weihen. Wenn arme Menschen zu dir kommen, gib ihnen zu essen, weil du Gott in ihnen erblickst. Dadurch wird die Nahrung, die wir zu uns nehmen, gereinigt.

❖

Die Nahrung, die wir zu uns nehmen, beeinflußt auch unseren Charakter. Iß nichts, was am Vortage zubereitet wurde, denn es macht dich matt und träge.

Versuche deine Eßgewohnheiten und schlechten Gewohnheiten, wenn es solche gibt, allmählich unter Kontrolle zu bekommen. Versuche eine innere Losgelöstheit zu entwickeln, während du deinen weltlichen Pflichten nachkommst.

❖

Eine kontrollierte Ernährungsweise ist sehr wichtig. Gib die Angewohnheit auf, einfach zu essen, bloß weil du etwas gesehen hast, das dir schmeckt. Iß die Nahrung, aber laß dich nicht von der Nahrung aufessen. Selbstkontrolle ist immer vonnöten. Es schadet nicht, die Dinge zu genießen, doch unmäßiger Genuß birgt immer Gefahr in sich.

❖

Es ist gut, vor dem Essen an Gott zu denken, denn das erinnert uns daran, daß wir essen, um Gott zu erkennen, daß dieses Essen, das dem Körper als Nahrung dient, ein Werkzeug ist, um Ihm zu dienen, zu Ihm zu beten und sich vor Ihm zu verneigen.

❖

Geist, Körper und Intellekt werden gereinigt, wenn du dein Essen, bevor du es zu dir nimmst, Brahman, dem Absoluten Prinzip, opferst.

GEWALTLOSIGKEIT

Bitte zerstöre kein Leben. Solches Handeln ziemt sich nicht für den, der den spirituellen Weg geht. Unser Ziel ist es, Leben überall zu fühlen. Wir haben kein Recht zu zerstören. Wir können nicht erschaffen; darum sollten wir auch nicht zerstören. Gott ist der einzige, der erschaffen, erhalten und zerstören kann. All dies liegt jenseits unserer Fähigkeit. Wenn du Dinge und Situationen allein nicht richtig einschätzen kannst, dann suche den Rat eines Wissenden oder Weisen. Und wenn er dir keinen rechten Rat geben kann, so halte inne. Es ist klüger, nichts zu tun, als etwas Dummes zu tun.

❖

Wir müssen daran denken, daß alles empfindsam ist, daß alles Bewußtsein und Leben besitzt. Alles existiert in Gott. So etwas wie Materie gibt es nicht; allein Bewußtsein existiert. Wenn wir in allen Situation diese Einstellung bewahren, wird Zerstörung für uns unmöglich. Die bloße Vorstellung von Zerstörung löst sich auf. Erst dann kannst du anderen helfen und ihnen dienen, zu ihrem Wohl und zur Besserung der Welt.

GLAUBE

Echter Glaube ist der Glaube an das eigene Selbst. Auch wenn wir an eine äußere Gottheit, einen äußeren Gott oder eine äußere Göttin glauben, glauben wir an unser eigenes Selbst, denn dieser Gott oder Guru ist unser eignes Selbst. Wenn sich der Glaube auf eine äußere Sache oder Gottheit beschränkt, dann kann er uns nicht emporheben. Mutter hat weder gesagt, daß du an einen Gott im Himmel auf einem goldenen Thron noch daß du an Amma glauben sollst. Glaube an dich selbst. Versuche zu erkennen, wer du bist. Das ist genug.

Wir alle sind wissend, wenn auch in begrenztem Maße, doch haben wir noch nicht gelernt, uns das Reich des höchsten Bewußtseins zu erschließen. Es ist eine Kunst, einen Aspekt des Lebens aufzugeben und uns einem anderen zuzuwenden. Deine intellektuelle Seite loszulassen und dich der Haltung unschuldigen Glaubens zuzuwenden ist nicht schwer, wenn du es wirklich willst.

Spiritualität ist eher eine Frage des Glaubens als ein Thema intellektueller Analyse. Wahrer Glauben entwickelt sich, wenn der Intellekt beiseite tritt. Das soll nicht heißen, daß intellektuelles Wissen nicht von Bedeutung ist. Der Intellekt hat seinen Stellenwert, er sollte nur nicht überschätzt werden. Glaube nicht, daß Spiritualität nur Kenntnis der Schriften und deren intellektuelle Analyse ist. Hier liegt oft das Problem. Es ist wichtig, ein Gleichgewicht zwischen Intellekt und absolutem Glauben an die spirituellen Prinzipien herzustellen. Dein Wissen und dein Denkvermögen können zum Beispiel hilfreich sein, andere von der Wissenschaft der Spiritualität zu überzeugen; damit vermagst du vielleicht ihren Wissensdurst zu stillen. Dennoch ist für deine eigene spirituelle Entwicklung Glauben viel wichtiger als Denken.

❖

Um meditieren zu können, mußt du fest an das glauben, was du tust. Wenn du dich mit Sadhana beschäftigst, mußt du alle Zweifel und Fragen beiseite lassen und dich vollkommen auf deine spirituellen Übungen konzentrieren; sonst kannst du keine spirituellen Fortschritte machen. Wenn du keinen Glauben hast, mußt du versuchen ihn zu entwickeln, indem du die Anleitung eines Satgurus suchst. Intellektuelles Wissen hat seinen Platz; richtig angewandt, verleiht es dir ein gewisses Maß an geistiger Stärke und Entschlossenheit. Aber um das, was du gelernt hast, tief zu verankern, bedarf es strenger Übungen. Für diese Übungen ist bedingungsloser Glauben unerläßlich. Es kommt also darauf an, ein harmonisches Gleichgewicht zwischen Glauben und Wissen herzustellen.

Die Erkenntnis „Ich bin das" ist nur mit absolutem Vertrauen möglich. Ohne dieses Vertrauen kannst du die spirituellen Übungen nicht in die Praxis umsetzen. Intellektuelle Gewißheit ist ein spiritueller Aspekt, Glauben ein anderer. Beide Aspekte sind wichtig. Der Zustand der Selbstverwirklichung kann jedoch allein durch Glauben erreicht werden, während intellektuelles Wissen und Denken ohne Glauben dich nicht zum höchsten Zustand führen können.

❖

Jeder lebt vom Glauben. Leben ist nur durch Glauben möglich. Wahrer Glauben unterscheidet sich von gewöhnlichem Glauben. Glauben sollte aus bedeutsamen Prinzipien entstanden sein. Nur dann kann er Glauben genannt werden. Ist es nicht eine Art blinder Glauben, etwas abzulehnen, das man nicht ausprobiert hat?

❖

Glauben und Leidenschaftslosigkeit sind die Voraussetzung um spirituelles Wissen zu erwerben.

❖

Alles Elend und alle Probleme, die in der Welt existieren, resultieren aus einem Mangel an Glauben und Hingabe, aus einem Mangel an Liebe. Ohne den Glauben an einen höchsten Herrscher oder Gott kann es keine Harmonie und keinen Frieden in der Gesellschaft geben.

Liebe und Vertrauen sind nötig, um Stärke und Mut zu erlangen. Wenn du dich umsiehst und das Leben der Menschen von nahem betrachtest, kannst du sehen, daß mangelnder Glauben die Ursache all ihrer Probleme ist. Ohne Glauben hast du keine Gefühle, kein Herz, keine Liebe. Dies ist eine universale Wahrheit; sie trifft überall und auf jeden zu.

❖

In der heutigen Zeit ist der menschliche Geist ausgetrocknet. Zuviel Vernunft hat unseren Geist verdorben. Die Menschen benutzen ihren Intellekt für alles. Sie haben ihr Herz und ihren Glauben verloren. Schönheit liegt im Herzen. Schönheit liegt im Glauben, und Glauben wohnt im Herzen. Intellekt oder Vernunft sind notwendig, doch wir dürfen nicht zulassen, daß sie den Glauben in uns verschlingen. Wir dürfen nicht zulassen, daß der Intellekt unser Herz auffrißt. Intellekt ist Wissen, und Wissen ist Ego. Zuviel Wissen bedeutet nichts anderes als ein großes Ego. Das Ego ist eine Last, und ein großes Ego ist eine große Last.

❖

Wer an den Höchsten glaubt, bleibt diesem Prinzip auch treu, wenn eine Krise eintritt. Der Glauben verleiht einen starken und ausgeglichenen Geist, mit dem man jede unangenehme Situation bewältigen kann. Eigenschaften wie Wunschlosigkeit, Liebe, Mitgefühl, Nachsicht und Verzicht sollten Bestandteil unseres Lebens werden.

Ein Mensch ohne Glauben ist überempfindlich und schwach. Alles und jedes kann ihn verletzen – ein Wort oder ein Blick genügt, und er fühlt sich niedergeschlagen und traurig. Vor jeder Schwierigkeit fürchtet er sich. Er kann nicht klar denken oder handeln. In einem schwachen Moment sind solche Menschen sogar versucht, ihrem Leben ein Ende zu setzen während ein Mensch mit Vertrauen immer seine gute Laune bewahrt. In welcher Situation du dich auch wiederfindest, dein Glauben beschützt dich. Das Leben wird erst erfüllt und reich, wenn das Herz vom Glauben an eine höchste Macht erfüllt ist. Ohne Glauben bist du voller Angst.

❖

Ein wahrhaft religiöser Mensch lebt im Glauben an die Existenz eines höheren Prinzips. Ihm bedeuten diese Eigenschaften mehr als sein Leben. Er würde sein Leben aufgeben, nicht aber die Prinzipien, nach denen er lebt. Er ist bereit, für seine spirituellen Prinzipien zu sterben.

❖

Die sogenannten Intellektuellen, die die Existenz Gottes verleugnen und sich allein auf die Kraft ihres Intellekts verlassen, betrachten sich oftmals als anderen überlegen, besonders denen gegenüber, die einen starken Glauben an Gott haben. Doch im Grunde sind sie die Verlierer, sind sie die Unglücklichen. Da sie keinen Glauben haben, versäumen sie all die Schönheit und den Zauber des Lebens.

Du kannst aus allem etwas lernen, wenn Glauben da ist. Alles ist dein Guru. Sauge die Essenz aller Dinge in dich auf, den Rest wirf weg.

❖

Starke Entschlossenheit und unerschütterlicher Glauben sind die beiden Faktoren, die Voraussetzung jeden Erfolges sind.

❖

Spirituelle Prinzipien sollten zu einem wesentlichen Bestandteil deines Leben werden. Nur wenn sie im täglichen Leben praktiziert werden, wirst du die Wohltaten des Glaubens und der spirituellen Prinzipien in ihrer ganzen Fülle erfahren können.

❖

Jede Sache, an die wir uns klammern, der kleinste Wunsch, den wir uns erfüllen, erscheint uns wie ein Ufer, an dem wir Ruhe finden können. Doch bedenke, jeder Sprung ans Ufer, jeder Versuch, in der äußeren Welt einen Halt zu finden, vergrößert nur noch den Abgrund unserer Unzufriedenheit, verzögert unsere Rückkehr zu den Gestaden unserer wahren Existenz. Bald werden wir merken, daß die Ufer, an denen wir Ruhe zu finden hofften, zerfallen und versinken. Alle Dinge, in die wir unser Vertrauen und unsere Hoffnung setzen, werden sich eines Tages als nutzlos und bedeutungslos erweisen. Früher oder später wird dieser Tag kommen.

Die Vernunft hat nur wenig Raum in der Spiritualität. Was ist überhaupt Vernunft? Sie ist das Produkt unseres Intellekts. Was ist Intellekt? Das Produkt des Egos. Das Ego sollte ausgelöscht werden. Das ist das Ziel aller spirituellen Übungen. Deshalb muß die Vernunft, als Produkt des Egos, weichen. Auf dem Weg der Selbstverwirklichung sind Intellekt oder Vernunft ein großes Hindernis. Der Intellekt zweifelt immer. Doch für Zweifel ist kein Platz auf dem spirituellen Weg. Hier hängt alles vom Glauben ab – Glauben an Gott, Glauben an die Schriften. Glauben vereint deine mannigfaltige Persönlichkeit und hilft dir, alles als eins zu betrachten. Zweifel zerstückelt alles. Zweifel zerstreut dich noch mehr; Glauben sammelt dich und macht dich eins.

Das Leben bringt unerwartete Erfahrungen mit sich. Wenn wir nicht in jedem Moment aufmerksam und wachsam sind, können wir diesen Erfahrungen nicht mutig entgegentreten und sie überwinden. Die Situation eines Menschen im Leben ist mit der eines Soldaten auf dem Schlachtfeld zu vergleichen. Du kannst dir vorstellen, wie aufmerksam und wachsam ein Soldat mitten im Kampf sein muß. Aus jeder Richtung könnte ein Angriff erfolgen. Wenn er nicht extrem wachsam und immer auf der Hut ist, kann er leicht getötet werden. Ebenso kann dir das Leben jederzeit unerwartete Erfahrungen bescheren. Du brauchst sehr viel *sraddha*, um diese Erfahrungen willkommen zu heißen und in jeder Lage umsichtig zu bleiben. Das lehrt uns die Spiritualität. Für einen spirituellen Sucher gibt es nichts Wichtigeres als Sraddha.

Übermäßiges Argumentieren ist das Problem der heutigen Zeit. Der Mensch denkt, daß der Intellekt alles sei. Aber das ist falsch. Die Welt leidet darunter. Der Mensch hat keinen Glauben mehr. Er will alles in Frage stellen, kritisieren und ablehnen. Er will nicht glauben und sich hingeben. Er füttert sein Hirn, und das Herz läßt er verhungern. Das Hirn wächst, doch das Herz vertrocknet. Die Wissenschaft braucht die Vernunft. Vernunft und Zweifel sind die alleinige Grundlage wissenschaftlicher Forschungen und Erfindungen. Doch die moderne Wissenschaft zerstückelt alles, anstatt Einheit herzustellen, und somit wirkt sie destruktiv. Wissenschaft sollte dem Wohl der Menschheit dienen. Dies ist allerdings nur möglich, wenn sie dazu benutzt wird, die Menschen im Geist zu vereinen.

❖

Die Kraft des menschlichen Geistes ist unermeßlich. Diese unendliche Kraft ist allen Menschen zu eigen. Wenn ein Mensch etwas wirklich tun will, ist ihm nichts unmöglich. Nichts kann ihn unterjochen, überwältigen oder beherrschen, wenn er den Mut hat, tief in seinen eigenen Geist, in sein eigenes Bewußtsein einzutauchen. Zweifel ist sein Feind Nummer eins. Glauben ist sein bester Freund.

MITGEFÜHL

Mitgefühl ist Bewußtsein, das sich in Worten und Taten ausdrückt. Mitgefühl ist die Kunst, niemanden zu verletzen. Mitgefühl findet keine Fehler bei anderen. Es sieht nicht die Schwächen der Menschen. Es unterscheidet nicht zwischen guten und schlechten Menschen. Mitgefühl kann keine Grenze zwischen zwei Ländern, zwei Glaubensrichtungen oder zwei Religionen ziehen. Mitgefühl kennt kein Ego; somit existieren weder Furcht noch Lust oder Leidenschaft. Mitgefühl vergibt und vergißt einfach. Mitgefühl ist der Ausdruck von Liebe in all ihrer Fülle.

Du mußt deinen Reichtum nicht aufgeben. Du mußt deine Erwartungen an dein Leben nicht aufgeben. Doch versuche dabei ein echter Mensch zu sein. Versuche das Leiden anderer zu verstehen. Du bist keine Maschine und auch kein Tier oder Dämon – du bist ein Mensch. Du repräsentierst die menschliche Rasse. Versuche deshalb liebevoll und mitfühlend zu sein, denn dies sind die Kennzeichen einer höheren Entwicklungsstufe.

Unbewußt erleben wir den Schmerz selbst des kleinsten Lebewesens mit, weil ein und dasselbe Bewußtsein alles durchdringt. Deshalb sollte dein Handeln immer von Mitgefühl und Verständnis begleitet sein.

❖

Es ist möglich, daß du zwar Achtung, aber kein Mitgefühl und Interesse für andere empfindest. Sobald Mitgefühl entsteht, vergibst du dem anderen. Ein mitfühlender Mensch kann nicht reagieren, weil er nur Mitgefühl empfindet. Dieser Zustand ist nur schwer zu erreichen. Loslassen ist nicht so einfach. Vielleicht gelingt es dir nicht, Liebe zu verspüren.

❖

Die Fähigkeit, in Liebe und Mitgefühl zu wachsen, ist fast in Vergessenheit geraten. Wenn du von diesem außergewöhnlichen Geschenk keinen Gebrauch machst, dann weist du Gott zurück, wendest dich gegen Ihn und leugnest Sein Geschenk. Und das ist das Schlimmste, was dir passieren kann. Wenn dir bei deiner Arbeit etwas mißlingt, kann es korrigiert werden. Materieller Verlust ist nicht unwiderruflich. Doch wenn jemand Gottes Geschenk zurückweist, so ist das nicht wiedergutzumachen. Er will, daß du es richtig anwendest. Wenn du es zurückweist, behinderst du den Fluß Seiner Gnade. Du errichtest einen Damm zwischen Ihm und dir. Dieser Damm ist dein Ego.

❖

Bedenke, daß nur ein Mensch Mitgefühl entwickeln und sich in andere einfühlen kann. Vielleicht denkst du: „Wenn er leidet, dann ist das sein Karma." Doch es ist nicht deine Angelegenheit, dir Gedanken über das Karma anderer zu machen. Wenn es sein Karma ist, zu leiden, dann betrachte es als dein Karma, ihm zu helfen. Nur indem du anderen hilfst, wirst du dich weiterentwickeln. Keine andere Spezies erhält dieses kostbare Geschenk von Gott: die Fähigkeit zu Verständnis und Mitgefühl. Benutze sie. Mißbrauche sie nicht.

❖

Mangelndes Mitgefühl führt leicht zur Zerstörung von Leben.

❖

Ein spiritueller Sucher sollte in der Lage sein, die Gefühle anderer zu erkennen, nicht nur die Gefühle anderer Menschen, sondern aller Lebewesen. Sich in die Lage eines anderen versetzen zu können, sehen und fühlen zu können wie ein anderer, das ist das außergewöhnliche Geschenk eines ernsthaften spirituellen Suchers.

❖

Bemühe dich um spirituelle Glückseligkeit. Du sollst nicht im Namen der Spiritualität deine Zeit mit Müßiggang verschwenden. Das Mitgefühl und die Liebe, die du dem Bettler zeigst, ist wahre Hingabe zu Gott.

Deine Macht und deine Position, dein Ruf und dein Ansehen, dein Reichtum und dein Besitz – all dies ist kein Grund, auf andere herabzusehen. Wenn jemand an dich herantritt, der dringend der Hilfe bedarf, dann solltest du ihn mit einem warmen Lächeln empfangen, ihm zuhören und ein mitfühlendes Wort für ihn haben können. Selbst wenn du ihm nichts gibst, so kannst du ihn doch anlächeln und ihm mit einigen mitfühlenden Worten Trost spenden. Du solltest ihm sagen können: „Bruder, ich verstehe deine Probleme. Offensichtlich machst du eine schwere Zeit durch. Ich wünschte, ich könnte dir helfen, indem ich deinen Kummer teile. Leider bin ich dazu nicht in der Lage. Bitte vergib mir."

❖

Dem Kummer anderer sollten wir mit Mitgefühl begegnen. Ihre Schwierigkeiten sollten wir zu den unseren machen.

HINGABE

Kinder, alle Macht gehört Gott, nicht uns. Wir sind Marionetten in Seinen Händen. Wenn wir mit der Einstellung der Hingabe arbeiten, wird Er uns beschützen.

❖

Hingabe löst jegliche Angst und Anspannung. Hingabe führt zu Frieden und Glückseligkeit. Hingabe bedeutet, alles ohne das geringste Gefühl von Kummer oder Enttäuschung willkommen zu heißen und zu akzeptieren. Angst führt zu Haß und Feindseligkeit. Aber Hingabe erfordert viel Mut, den Mut, sich aufzugeben. Es bedarf einer kühnen Einstellung, sein Ego zu opfern.

❖

Im allgemeinen ist der Weg der Hingabe der leichteste und am wenigsten komplizierte Weg. Liebe bedarf keiner Voraussetzungen. Jeder, der ein Herz hat, kann lieben, und ein Herz hat jeder. Die Neigung zu lieben ist jedem Menschen angeboren.

Mache dir Selbstaufgabe und Vertrauen zu eigen. Versuche, unheilige Gedanken erbarmungslos zurückzuweisen, oder ignoriere sie einfach und ersetze sie durch gute und göttliche Gedanken.

❖

Wie Liebe kann Hingabe nicht studiert oder aus Büchern oder von einem bestimmten Menschen und auch nicht an der Universität erlernt werden. Die Selbsthingabe stellt sich mit wachsender Liebe ein. Eigentlich wachsen beide gleichzeitig. Je mehr du jemanden liebst, desto mehr gibst du dich ihm hin. Das geschieht sogar in einer normalen Liebesbeziehung zwischen Mann und Frau. Liebender und Geliebter geben sich dem Wünschen und Wollen des anderen hin, wobei die Liebe zwischen ihnen zu voller Blüte gelangt. Seine Vorlieben werden zu ihren und umgekehrt. Hingabe ist nichts anderes, als seine Individualität, seine Vorlieben und Abneigungen für ein höheres Ziel aufzugeben. In der Spiritualität gibt der Suchende alles, was er besitzt, für das Höchste Prinzip, für Gott, auf.

❖

Stille Ruhe ist der Zustand der Hingabe. Nur in der Stille der Hingabe kannst du wirklich zuhören. In dieser inneren Stille, wenn dein ganzes Wesen zur Ruhe gekommen ist, findet Hingabe statt. Darum ist es auch unmöglich, Hingabe zu lehren. Sie ergibt sich einfach in der Gegenwart eines Satgurus. Der Meister führt den Schüler allmählich an diesen Zustand heran, indem er die notwendigen Bedingungen schafft.

Lebe in vollkommener Hingabe zu Gott. Gott kannst du all deine Sorgen mitteilen. Wenn du streiten willst, dann streite mit Gott. Kinder, eine solche geistige Einstellung solltet ihr entwickeln.

❖

Alles, was ein Mensch als sein Eigentum beanspruchen kann, alle Bindungen und alle Abneigungen, die er hat, sind das Produkt seines Egos. Sie werden auch als Vasanas oder angesammelte Neigungen bezeichnet. All diese Dinge, die wir als unser Eigentum beanspruchen, gehören uns eigentlich nicht, da wir keine Kontrolle über sie haben. Ruf, Ansehen, Stellung, unsere Häuser, Ehemann, Ehefrau, Kinder – nichts können wir auf Dauer behalten. Im Moment mögen wir diese Dinge zwar besitzen, doch wer weiß, was im nächsten Moment geschieht? Aber dies trifft nicht auf die erworbenen Neigungen, auf das Ego zu. Das Ego ist unser Eigentum. Es gehört zu uns. Niemand sonst kann es beanspruchen. Darum bedeutet wahre Selbsthingabe, seinem Ego zu entsagen und es dem Höchsten Selbst zu Füßen zu legen.

❖

Alle Bemühungen entspringen dem Ego. Da das Ego begrenzt ist, ist auch seine Fähigkeit begrenzt. Niederlage und Versagen treten früher oder später zwangsläufig ein. Wenn das geschieht, wird dein Geist still, und du gibst dich hin. Dein gesamtes Wesen wendet sich Gott zu. Deine Bemühungen führen dich in diesen Zustand äußersten Versagens, wodurch wiederum Hingabe möglich wird.

Erst wenn Versuch und Versagen hinter dir liegen, kannst du wirkliche Hingabe erlangen. Auch wenn du wieder und wieder versagst, versuchst du es doch erneut, bis schließlich ein Punkt kommt, wo du dein Versagen akzeptierst. Wenn du deine Unfähigkeit, aus eigener Kraft weiterzugehen, vollends erfährst und verstehst, ist der Punkt erreicht, an dem du aufgibst. Also versuche es weiter. Das letzte Gefühl des Versagens kommt zu jedem, wenn nicht heute, dann morgen.

ZUFRIEDENHEIT

Wenn du nach Glück strebst, wirst du es verfehlen, denn die Suche nach Glück erzeugt Unzufriedenheit. Suchen bringt zwangsläufig innere Unruhe mit sich. Ein unruhiger Verstand ist ein unglücklicher Verstand. Deine Suche nach Glück ist immer auf die Zukunft gerichtet. Sie findet niemals in der Gegenwart statt. Die Gegenwart ist innen, die Zukunft außen. Mit deinem ängstlichen Bemühen, Glück zu erlangen, schaffst du dir die Hölle in deinem Verstand. Was ist denn der Verstand und das Denken? Es ist die Ansammlung all deines Unglücks, all deiner Negativität und Unzufriedenheit. Der Verstand ist das Ego, und das Ego kann nicht glücklich sein. Wie kann man mit solch einem Verstand Glück suchen? Mehr Suchen wird nur mehr Unglück bringen. Glück wird erst erlangt, wenn der Verstand mit all seinen egozentrischen Gedanken in den Hintergrund tritt. Um glücklich zu sein, mußt du das Glück vergessen. Um zufrieden zu sein, mußt du die Zufriedenheit vergessen. Höre auf, in der Vergangenheit und in der Zukunft zu leben. Höre auf, nach Glück zu suchen, und du wirst merken, daß du nicht länger unglücklich bist. Höre auf, nach Zufriedenheit zu suchen, und du wirst plötzlich zufrieden sein.

Ein Mensch, dem es an Entsagung und Demut mangelt, kann niemals zufrieden sein, weil er immer noch nach materiellem Wohlstand verlangt. Er ist nie zufrieden mit dem, was er hat.

❖

Zufriedenheit erlangst du nur durch Hingabe, nur durch vollständige Akzeptanz. Sie stellt sich erst ein, wenn du jegliche Erfahrung im Leben unvoreingenommen willkommen heißen kannst. Du kannst dann voll und ganz zufrieden sein, wenn du selbst dem Tod mit einem Lächeln begegnen und ihn willkommen heißen kannst. Auch wenn die Hingabe sich nicht sofort einstellt, muß man zumindest die Bereitwilligkeit besitzen, sich dem Höchsten Willen zu ergeben. Unzufriedenheit wird den erfüllen, der tatenlos abwartet. Mache deinen Geist bereit und versuche, den Willen zu Akzeptanz und Hingabe zu entwickeln. Versuche, das Gute wie das Schlechte willkommen zu heißen und zu empfangen. Versuche, eine Einstellung zu entwickeln, die dich selbst dem Tod mit einem Lächeln begegnen läßt. Dies ist der Weg zur Zufriedenheit.

❖

Deine Handlungen in der Welt solltest du ohne Stolz auf deine Macht ausführen. Bete um Gottes Gegenwart und versuche sie in all deinem Tun zu spüren; sei dankbar für Seine Gnade. Gottes Macht kannst du nur anrufen, indem du dich Ihm hingibst. Hingabe heißt, demütig zu werden, sich tief verbeugen zu können.

Wir wissen nicht einmal, ob wir von einem Moment zum nächsten noch am Leben sind. Alles kann jederzeit passieren. Darum führe kein Leben in Täuschung. Erfinde keine Traumwelt, in der du dann lebst. Du kannst einfach nicht in der Zukunft leben. Leben findet nur in der Gegenwart statt. Allein die Gegenwart ist wirklich. Diejenigen, die wie verrückt hinter der Welt und ihren Freuden herlaufen, leben in der Zukunft. Da sie nie in der Gegenwart leben, können sie auch nicht zufrieden sein.

❖

Hingabe gibt dem, der sie ausübt, große Zufriedenheit. Ein zufriedener Mensch ist voller Begeisterung und Lebenskraft. Er ist äußerst optimistisch und mit einem abenteuerlustigen Geist begabt. Seine Einstellung ist, daß das Leben und alles, was ihm im Leben widerfährt, ein Geschenk ist; dies gibt ihm unermeßliche Geduld und Stärke. Er lebt nicht in dem Glauben, daß er ein Anrecht auf Glück hat. Für ihn gibt es keine Rechte, sondern nur Geschenke. Diese Einstellung hilft ihm, alles, ob gut oder schlecht, als Geschenk anzunehmen, und verleiht ihm Mut und Vertrauen. Ein solcher Mensch besitzt ein liebendes und mitfühlendes Herz, eine kindliche Unschuld und ein anziehendes Wesen. Da er niemanden kränken und niemandes Gefühle verletzen will, kann er niemandem schaden. Er hat auch die Kraft, sein eigenes Behagen und Vergnügen für anderer Menschen Glück und Frieden zurückzustellen. Er muß sich in seinem Leben denselben Problemen stellen wie jeder andere auch, doch dank seiner geistigen Fähigkeit und Ausgewogenheit kann er ruhig bleiben, wenn ihm ein Mißgeschick widerfährt.

Zufriedenheit ergibt sich aus der Losgelöstheit vom Ego. Und diese Egolosigkeit wird durch Hingabe, Liebe und äußerste Hingabe zum Höchsten Herrn erlangt. Egoistische Menschen können niemals zufrieden oder glücklich sein. Sie sind angespannt, weil sie Angst haben, und diese Angst macht sie fast verrückt. Meist sind solche Menschen machthungrig, und dieses Verlangen macht sie blind. Sie greifen nach allem und wollen es besitzen, auch wenn sie dabei zu niedrigen und gottlosen Mitteln greifen müssen und andere Menschen ruinieren. Die ständige Angst, daß sie ihrer Macht und ihres Besitzes beraubt werden, verfolgt sie und verstärkt ihre Angst und Unzufriedenheit. Seht euch all die Diktatoren der Welt an. Sie besitzen von allen Menschen das größte Ego. Ihr Verlangen nach Macht und Besitz macht sie zu Kriegstreibern ohne Interesse an Frieden und Glück für die Gesellschaft.

❖

Entsage und genieße. Die wahre Frucht, das wahre Glück liegen in dir. Lerne, mit dieser inneren Erfahrung von Glück zufrieden zu sein. Die Menschen, die in den vielen Annehmlichkeiten des Lebens ihr Glück suchen, sind am unglücklichsten. Je mehr Reichtum und Luxus jemand besitzt, desto größer werden auch seine Sorgen und Probleme sein. Je mehr man sich wünscht, desto unzufriedener wird man sich fühlen, denn Wünsche sind endlos. Die Kette von Gier und Selbstsucht wird immer länger. Es ist eine endlose Kette.

❖

Alle sollen glücklich sein; es soll keine Sorgen geben; das gesamte Universum soll von Glückverheißung erfüllt sein; jeder Mensch soll Vollkommenheit erlangen. Nur wenn wir für den geistigen Fortschritt der ganzen Gesellschaft beten, wird auch unser Gewinn vollkommen sein.

Unterscheidungs-
Vermögen

In der Schöpfung gibt es Unwissenheit und Wissen, Urteilsvermögen und Kritiklosigkeit – all dies gibt es. Gottes Wille ist es,
daß wir mit unserem Handeln nur Gutes bewirken, indem wir
das Unterscheidungsvermögen anwenden, das Er uns verliehen hat.

❖

Unser Leid ist die Folge unserer eigenen Taten. Die alleinige Verantwortung liegt bei uns. Mit ein wenig Unterscheidungskraft
können wir dies leicht verstehen.

❖

Jede Tat, die ohne Unterscheidungsvermögen begangen wird, ist
eine gottlose Tat. Verschwendung aufgrund mangelnder Sorgfalt
und Aufmerksamkeit ist eine Sünde. Jedes Ding dient einem bestimmten Zweck. Ohne das Ineinandergreifen aller Dinge kann
die Welt nicht existieren. Die Existenz der gesamten Welt basiert
auf diesem Zusammenspiel.

Benutze dein Unterscheidungsvermögen. Du mußt lernen, zu-
zuhören und Anteil zu nehmen, ohne zu reagieren.

❖

In der Schöpfung gibt es richtig und falsch, so wie es Tag und
Nacht gibt. Gott hat dem Menschen Unterscheidungsvermögen
geschenkt, um ihn vor Fehlern zu bewahren. Doch wir müssen
es auch benutzen.

❖

Du mußt die Begrenzungen der Welt verstehen. Die Welt und
die weltlichen Dinge können uns nicht unterjochen, wenn wir
sie richtig einschätzen. Laß dich nicht unnötig und kritiklos von
Dingen und Vorfällen beeindrucken. Alles hat seinen Stellenwert
im Leben, doch entweder unterschätzen oder überschätzen wir
es. Beides ist gefährlich. Es sollte immer ein Gleichgewicht herr-
schen. Du kannst die Welt genießen, doch übermäßiger Genuß
ist unklug und wird all deine Tugenden vernichten.

❖

Leben ist ein kostbares Geschenk. Doch wir machen keinen Gebrauch von unserer Urteilskraft. Wir entscheiden uns für die falschen Dinge, und am Ende sind wir unglücklich. Das Problem
liegt in uns. Zweitrangigen Dingen messen wir eine zu große
Bedeutung bei, während wir die wichtigen, die primären Dinge
vollständig ignorieren.

REDEN – SCHWEIGEN

Das Ego ist die Ursache der Sprache, die Sprache dessen Auswirkung. Das Ego ist falsch; diese falsche Natur des Egos spiegelt sich in seiner Auswirkung, der Sprache, wider. Die Sprache sollte der inneren Erfahrung von Wahrheit Ausdruck verleihen.

❖

Jedes Wort, das du aussprichst, solltest du sorgfältig abwägen. Aus dem Wort ist die Welt entstanden. Im Wort existiert die Welt. Bei allem, was du sagst, mußt du große Vorsicht walten lassen. Wir haben eine Welt von Gedanken geschaffen. Aus Gedanken wurden Wünsche, und Wünsche wiederum erhalten den Kreislauf aufrecht. Darum gib acht bei jedem Wort, das du äußerst.

❖

Wir mißbrauchen die Zeit, indem wir ihren Wert nicht erkennen. Wieviel Zeit verbringen wir damit, über andere zu reden und sie zu kritisieren? Warum tun wir das? Profitieren wir davon?

Reduziere das Reden – denn wirkliche Liebe braucht keine Worte. Gib negativen Schwingungen keine Gelegenheit, deinen Körper zu beeinflussen. Starre nicht jeden an. Rede nicht zuviel. Durch Reden verliert man viel Lebensenergie.

❖

Wenn man in seinem eigenen Selbst ruht, kann man nur schweigen.

❖

Ohne Dualität gibt es keine Welt. Auch die Münze hat zwei Seiten. Ein voller Tag besteht aus Tag und Nacht. Die Sonne geht weder auf noch unter, es erscheint nur so. Auch in unserem Denken herrscht Dualität, nicht wahr? Der, der erfahren hat, daß alles eins ist, wird still. Da gibt es niemanden, der spricht. Wenn du zu sprechen beginnst, dann sind da zwei.

❖

Oberflächliche Menschen reden gern. Oberflächliche Menschen sprechen nicht aus Erfahrung. Sie haben die Tiefe nicht erfahren; denn wo Tiefe ist, da ist keine Sprache. Dort ist nur Stille. Wenn die, die Selbstverwirklichung erlangt haben, überhaupt sprechen, dann berühren ihre Worte das Herz. Sie reinigen und verwandeln den Zuhörer. Ihre Worte treffen direkt ins Herz der Zuhörer. Die Liebe, die im Herzen wohnt, kann nicht ausgesprochen werden; sie läßt sich nicht in Worte fassen.

ERSCHWERNISSE
AUF DEM WEG

ÄRGER – WUT – ZORN

Zorn und Haß machen die Menschen blind und führen dazu, daß sie sich gegenseitig vernichten. In aller Welt töten Menschen andere Menschen. Das ist die Folge, wenn die destruktive Kraft von Zorn und Haß den menschlichen Geist erobert. Doch die wahre Natur des Menschen ist Bewußtsein. Der Mensch ist Gott, doch er hat es vergessen. Wie schade! Was für ein Abstieg! Was für eine Entartung!

❖

Wenn Zorn in dir aufsteigt, verleihe ihm nicht unmittelbar Ausdruck. Begib dich an einen anderen Ort. Dort sitze allein in tiefer Versenkung und Meditation. Du wirst erkennen, daß der Ursprung des Zorns nicht in dem anderen, sondern in dir selbst liegt. Nicht in dem anderen, sondern in deiner eigenen Vergangenheit ist die Ursache deines Zorns zu finden. Im Buch der Vergangenheit ist alles aufgezeichnet. In dir ist Zorn. Jemand braucht nur zufällig den Zorn in dir zu berühren, und schon bricht er aus dir hervor.

Die verletzten Gefühle, die tief in dir verborgen liegen, manifestieren sich nach außen hin als Zorn, Haß, Angst und Schuldge-
fühl. Wenn deine inneren Wunden nicht geheilt werden, häufen
sich diese negativen Tendenzen und verschlimmern sich.

❖

Zorn ist eine tiefe, eitrige Wunde. Er ist eine Krankheit, die der
Behandlung bedarf. Hier sind Mitgefühl und liebevolle Zuwendung geboten. Darum bedenke, wenn jemand zornig wird, daß
er krank ist. Je mehr Druck und Zwang du auf ihn ausübst, desto
schlimmer wird seine Krankheit und sein Schmerz. Das bedeutet, wir sollen Zorn nicht mit Zorn vergelten. Ein zorniger Mensch
braucht unser Mitgefühl. Fühle mit ihm und lindere die Wunde
seines Zorns.

❖

Nehmen wir an, du ärgerst dich über jemanden, und derjenige
ärgert sich über dich. In einer solchen Situation solltest du deine
Gedanken und Gefühle sofort unter Kontrolle halten und verstehen, daß das Ego in dir die Ursache all dessen ist.

❖

Begegne niemandem mit Zorn. Wenn jemand wütend auf dich
ist, dann denke sofort: „Das Ich ist eins, in mir wie in ihm. Das
ist der Atman. Es gibt nur einen Atman. Auf wen soll ich also
wütend sein?"

Wenn es dir gleichgültig ist, wie viele Geburten oder wieviel Leid du noch durchmachen mußt, dann ist das deine Entscheidung. Du schadest jedoch anderen Menschen. Nicht indem du jemanden verletzt oder tötest – allein indem du Ärger verspürst, indem dein Handeln von Selbstsucht und Gier bestimmt ist, löst du dieselben negativen Gefühle in ihnen aus. Deine negativen Gefühle rufen auch in ihnen Negativität hervor. Auch sie werden leiden und damit noch mehr Karma, noch mehr Vasanas anhäufen, mit denen sie wiedergeboren werden. So hast du durch deine Wut, durch deine Selbstsucht dazu beigetragen, die karmische Kette eines anderen zu verlängern. Du bist dafür verantwortlich, weil dein Ärger und deine Gier die Ursache dafür sind. Sieh, was für eine Zerstörung du anrichtest!

❖

Nehmen wir an, jemand spricht voll Wut mit dir. Höre dir alles geduldig an. Sei nicht ärgerlich auf ihn. Ärger kommt nur hoch, wenn wir uns mit unserem Körper identifizieren. Es kann weder Ärger noch Haß geben, wenn du denkst: „Ich bin nicht der Körper, sondern das Höchste Selbst." Über wen kannst du dich dann ärgern? Es gibt nur ein Selbst, das alles durchdringt. Dieses Selbst ist in jedem Menschen.

❖

Versuche keine Fehler zu begehen und dich über niemanden zu ärgern. Wenn wir weltlichen Freuden nachgehen, geben wir die Suche nach beständiger spiritueller Glückseligkeit auf.

Wenn du jemanden oder etwas tötest oder zerstörst, verlängerst du nur die Kette deines eigenen Karmas. Deine destruktiven Gedanken und Gefühle – Zorn, Haß, Selbstsucht oder Gier – veranlassen dich, solche Dinge zu tun. Zorn, Gier oder Selbstsucht in dir verleiten dich, Böses zu tun, was wiederum zu noch mehr Wut, Gier und Selbstsucht führt. Jede Tat, die du aus Selbstsucht, Zorn oder Gier begehst, bedeutet einen weiteren Ferientag, einen weiteren freien Tag, den du nicht im Zustand der Vollkommenheit, in deiner ewigen Freiheit verbringst.

BESCHIMPFUNGEN

In deinen zahllosen Leben bist du viele Male beleidigt und beschimpft worden. Wenn jemand dich beleidigt, dann rührt das
aus seiner Vergangenheit her, ebenso wie deine Reaktion darauf
deiner eigenen Vergangenheit entspringt. Ihr seid beide Opfer
von Beleidigungen und habt andere zu euren Opfern gemacht,
in früheren Leben wie in diesem Leben. All eure Taten und all
eure Worte spiegeln also, ob in positiver oder negativer Weise,
eure Vergangenheit wider. Ihr speichert die Vergangenheit in euch.
Doch euer Speicher ist voll, übervoll sogar. Um das Ego, das die
Summe all dieser negativen Gefühle ist, leer zu machen, muß
man zuvor die Schwere der Last spüren.

❖

Wenn andere dich beleidigen oder wütend auf dich werden, versuche den Mund zu halten. Versuche den anderen zu achten,
weil er dir in Wirklichkeit einen Gefallen tut. Er lehrt dich Schweigen und Geduld. Bedaure ihn für die Wunden seiner Vergangenheit. Fühle tiefe Anteilnahme und Mitgefühl für ihn.

Lache herzlich über die, die dich beleidigen, und erkenne, wie die Vergangenheit aus ihren Worten spricht. Belohne die, die dich beleidigen. Versuche nichts Schlechtes über sie zu sagen und somit auch nicht die geringste Abneigung gegen sie zu hegen. Handele, doch reagiere nicht. So wirst du in die tieferen Bereiche deines eigenen Bewußtseins vordringen.

❖

Bleibe still und halte dich von denen fern, die dich beleidigen. Wenn du in der körperlichen Gegenwart eines Menschen verweilst, der dich beschimpft, wirst du irgendwann vielleicht doch reagieren, selbst wenn du es zu Anfang geschafft hast, deinen Mund zu halten. Deshalb halte dich physisch von einer solchen Atmosphäre fern. Doch du mußt auch darauf achten, daß du keine Rachegefühle gegen denjenigen entwickelst. Trage nicht die Wunde von Zorn und Haß in dir. Bedenke, daß derjenige dich etwas lehren wollte, daß er eine Botschaft für dich hatte. Du solltest ihm dein Herz und dein Ohr leihen und diese Botschaft anhören und aufnehmen. Sie zu akzeptieren, daran wirst du später arbeiten müssen. Meditiere, bete und gehe tief in dich, um diese und andere emotionale Störungen zu beseitigen.

❖

Vielleicht hast du noch immer alle Reaktionen in dir. Vielleicht kochst du innerlich. Doch versuche durch entsprechendes Verständnis, durch Einsicht und Bewußtheit zu erkennen, daß dein Ankläger an den Wunden seiner eigenen Vergangenheit leidet.

GEDANKEN

Frieden wird nicht durch die Erfüllung aller Wünsche oder durch die Lösung aller Probleme erlangt. Solange es Gedanken gibt, solange wird es auch Wünsche und Probleme geben. Frieden entsteht erst, wenn alle Gedanken zur Ruhe kommen und du den Geist transzendierst.

❖

Alles ist vom Geist erschaffen.

❖

Es macht keinen Sinn, unnötig zu debattieren und zu streiten. Zweifel ist ein Aspekt des Verstandes. Benutze deine Urteilskraft, um die zweifelnde Natur des Verstandes zum Stillstand zu bringen. Erst wenn jeder Zweifel endet, wird das Licht Gottes in dein Herz eingehen. Die Zweifel werden nicht aufhören, bis du Selbstverwirklichung erlangt hast. Bis dahin wirst du nicht die Kraft haben, die Zweifel zu überwinden.

Auf dem spirituellen Weg gibt es keine Abkürzung. Nur durch Japa kannst du den Geist schnell kontrollieren. Durch Japa kannst du ihn davon abhalten, unnötigen Gedanken nachzuhängen. Dabei ist Konzentration allerdings unerläßlich. Wenn du den Geist zu etwas zwingst, wird er so schnell wie möglich in seinen gewohnten Zustand zurückfallen. Das liegt in der Natur des Geistes. Bloße Unterdrückung oder Zwang werden nichts bewirken. Du mußt langsam versuchen, den Geist zu besiegen, indem du ihm neue Ideen gibst und gute Gewohnheiten entwickelst anstelle der alten und schlechten Gewohnheiten. Kontrolliere den Geist durch kritisches Denken.

❖

Wenn wir Frieden und Gelassenheit erreichen wollen, müssen wir zunächst unsere falsche Art zu denken ändern. Im Moment denken wir, daß Frieden eine Sache ist, die von außen kommt. Dieses falsche Konzept führt dazu, daß wir außen, in den Dingen der Welt, nach Frieden suchen. Doch wahrer Frieden kommt von innen. Um diesen Frieden zu erlangen, sollten wir innere Einsamkeit suchen. Einsamkeit bedeutet nicht einfach, daß wir an einem schönen, abgeschiedenen Ort in der Natur sitzen. Eine solche Umgebung ist nur ein zweitrangiger Faktor, um wahre Abgeschiedenheit zu finden. Wahre Abgeschiedenheit ist die Abgeschiedenheit des Geistes, die Konzentration des Geistes. Wir sollten den Geist beruhigen, indem wir ihn langsam unter Kontrolle bringen, ihn allmählich davon abbringen, allem und jedem hinterherzurennen. Versuche losgelöst zu sein, indem du deinen Geist von den Dingen fernhältst, in die du dich stürzen willst.

So viele Jahre lang haben wir ein völlig unkontrolliertes Leben geführt. Von allem, was wir sehen und hören, lassen wir uns leicht beeindrucken. Es drängt sich ohne Einladung in unseren Verstand. So wird es einige Zeit dauern, bis wir Kontrolle über den Verstand und die Gedanken erlangen. Übung in Verbindung mit Geduld ist vonnöten, um das zu erreichen.

❖

Subtile Vasanas besitzen mehr Macht als grobe Vasanas, wie alles Subtile mehr Durchschlagskraft besitzt. Der Verstand, wie seine Gedanken, aus denen er besteht, wird stärker und durchdringender, je subtiler er wird. Menschliche Bemühung allein reicht nicht aus, sich dieser tief verwurzelten Neigungen zu entledigen. Allein Gottes oder des Gurus Gnade vermögen den Geist zu diesem höchsten Zustand jenseits von Verstand und Gedanken zu führen. In diesem Zustand höchster Subtilität wird der Geist zur stärksten Quelle unerschöpflicher Energie, zur alles durchdringenden Energie selbst. Dies ist der endgültige Tod des Egos, ein Abschied ohne Wiederkehr.

❖

Für jemanden, der das Selbst kennt, gibt es weder gut noch schlecht, weder rein noch unrein. Für ihn gibt es nur Reinheit. Alles beruht auf unserer Reinheit und unserer Auffassungsgabe. Zuallererst müssen wir aufrichtig erforschen, ob unser Geist rein ist oder nicht. Es genügt, wenn der Geist rein ist – aber ist unser Geist rein? Er befindet noch sich immer im Reinigungsprozeß.

Rituale und andere Zeremonien tragen dazu bei, den Geist zu reinigen. Durch Rituale und andere religiöse Bräuche wird der von schlechten Gedanken aller Art erfüllte Geist gut und tugendhaft. Wenn das erreicht ist, höre nicht auf; gehe noch einen Schritt weiter und überwinde auch diesen Zustand. Wenn du dich an das Gute und die Tugend bindest, werden diese zur Gewohnheit, und infolgedessen entstehen Vasanas. Ob gut oder schlecht, ein Vasana ist ein Hindernis auf dem Weg zur Vollkommenheit. Halte dich deshalb nicht lange mit guten Gedanken auf; wachse über sie hinaus. Nur wenn du über das Gute wie das Schlechte erhaben bist, wirst du den Zustand erreichen, wo weder gut noch schlecht, weder Kummer noch Glück, weder Erfolg noch Versagen existieren – den Zustand, wo du nur DAS bist, DAS allein. Es spielt keine Rolle, ob dein Käfig aus Gold oder aus Eisen ist. Käfig bleibt Käfig. Darum muß dein Geist absolut ruhig werden; auch das Gute muß überwunden werden. Gute wie schlechte Gedanken erzeugen Wellen im Geist, die seine Ruhe stören.

❖

Alles hängt vom Geiste ab. Es gibt viele Annahmen, die nicht wissenschaftlich erwiesen sind und dennoch Tatsachen bleiben, weil sie erfahrbar oder sichtbar sind, nicht mit den äußeren, sondern mit den inneren Augen. Viele Dinge können wir mit den äußeren Augen nicht wahrnehmen, und dennoch existieren sie. Ebenso gibt es feinstoffliche Wesen, doch unser Geist ist nicht subtil genug, um sie zu sehen. Wenn der Geist durch Sadhana klar und subtil genug wird, dann werden sie sichtbar. Doch miß solchen Erfahrungen nicht allzuviel Bedeutung bei. Ignoriere sie und gehe über sie hinweg.

Schau in dein eigenes Selbst und befreie deinen Geist von den Unreinheiten. Übe dich darin, nur das Gute in anderen zu sehen. Das Schlechte wirst du nur sehen, wenn du es sehen willst. Wenn du das Gute suchst, so wirst du es finden. Wenn der Geist von allen Unreinheiten befreit ist, dann kannst du auch anderen zum Guten verhelfen. Wenn du aber die Fehler weiterhin der Welt oder anderen zuschreibst, dann entartet dein Geist in gleicher Weise, und du wirst wie sie. Wenn wir versuchen, die Welt zu bessern, bevor wir uns selbst gebessert haben, werden wir der Welt wie uns gleichermaßen schaden.

Mit zunehmender Konzentration nehmen die Gedanken ab, und wenn die Gedanken abnehmen, werden Geist und Intellekt subtiler. Spirituelle Erfahrung kann nicht durch einen groben Geist und Intellekt erlangt werden. Die Wirklichkeit ist subtiler als das Allersubtilste. Um das Subtile zu erfahren, sind subtile Werkzeuge vonnöten. Das äußere Auge genügt, um die groben Dinge der Welt wahrzunehmen, doch um die Seele, das Selbst, zu erkennen, bedarf es eines inneren Auges. Mit zunehmender Subtilität des Geistes erstrahlt das Selbst. Die Natur verzeichnet all unsere Taten. Jedes Wort, alle Gedanken existieren auf einer feinstofflichen Ebene. Die Neigungen vorangegangener Leben bleiben in subtiler Form im Menschen gespeichert. Ebenso hat sich die Kraft der Buße durch die Weisen des Altertums in der Natur erhalten. Auch heute noch existieren große Seelen in ihren feinstofflichen Körpern. Sie werden jedoch erst sichtbar, wenn wir die subtile Ebene erreicht haben.

Verschiedene Aspekte der Göttlichkeit sind stark in uns vertreten. Durch gutes und weises Handeln wird das Gute in uns wachgerufen und führt zu Fortschritt und Glück. Doch indem wir uns weiterhin bemühen, indem wir versuchen, all unsere Aufmerksamkeit auf das höchste Selbst zu konzentrieren, wird dieses Gute selbst zum Hindernis, denn um die höchste Wirklichkeit, das heißt Selbstverwirklichung zu erlangen, müssen wir über alles hinauswachsen, selbst über das Gute. Auch das Gute ist eine Fessel. Diese großen Ideale existieren auch in der Form von Gedanken. Um den Zustand des Geschehenlassens, den Zustand völliger Entsagung zu erreichen, müssen alle Gedanken verschwinden, muß der Verstand verschwinden. Wenn der Verstand verschwinden soll, müssen alle Gedanken verschwinden, weil der Verstand nichts anderes als Gedanken ist. Wenn wir diesen Zustand jenseits der Gedanken zu erreichen versuchen, werden eben jene guten Gedanken zum Hindernis. Selbst gute Gedanken werden versuchen, dich in den alten Zustand des Tuns zurückzuziehen. Ohne dein Handeln, ohne dein Zutun können diese nicht existieren. Handlungen, gute Taten, die Durchführung heiliger Zeremonien geben diesen guten Gedanken Nahrung, verleihen ihnen Existenz.

❖

Ist das Gemüt ausgeglichen, kannst du überall in der Welt Frieden und Gelassenheit erfahren. Ist das Gemüt aber aufgeregt, scheint die ganze Welt in Aufregung zu sein.

❖

Versuche nicht, Dinge zu beurteilen, bevor du sie ergründet hast. Um sie zu ergründen, brauchst du einen subtilen Geist, ein subtiles Auge und Ruhe der Gedanken.

❖

Der Verstand ist ein großer Dieb. Er wartet auf eine Gelegenheit, dich zu unterwerfen. Negative Gedanken kehren immer wieder, wenn wir versuchen, sie zu unterdrücken. Dann solltest du denken: „O Verstand, ist es von Nutzen, diese Gedanken zu hegen? Sind sie von Wert?" Eine Veränderung wird sich allmählich einstellen durch Gebete zu Gott und Infragestellen des Verstandes und der Gedanken. Rufe Gott an: „O Vater, o Mutter, warum nur denke ich an solche Dinge?" Zur richtigen Zeit werden die Gedanken verschwinden.

❖

Da es eine Verbindung zwischen Körper und Geist gibt, kann der Geist beherrscht werden, indem der Körper beherrscht wird. Wir sollten in unserem Leben anderen ein Vorbild sein.

❖

Jeder Mensch hat seine eigene geistige Ebene und sein eigenes Verständnis. Laß jeden auf seiner eigenen Ebene beginnen. Versuche nicht, ihm deine eigenen Vorstellungen aufzudrängen.

❖

Du kannst nicht an irgend etwas in dieser Welt gebunden sein und gleichzeitig Frieden erfahren. Unser Problem ist, daß wir uns mit all unseren Stimmungen identifizieren. Wenn wir zornig sind, werden wir zu diesem Zorn. Ebenso verhält es sich mit Angst, Aufregung, Besorgnis, Kummer und Glück. Wir werden eins mit diesen Emotionen, ob sie positiv oder negativ sind. Wir identifizieren uns mit der Maske. Der Verstand und die Gedanken sind eine große Lüge, und die Welt ist eine Projektion dieser Lüge. Beide sind unwirklich. Die Welt existiert nur, weil der Verstand existiert. Das Denken ist für all deine Probleme verantwortlich. Es bringt Zweifel und Leid hervor. Das Ego ist ein Produkt der Gedanken. Somit ist auch das Ego eine Lüge. Es ist unwirklich. Der Verstand ist das größte aller Geheimnisse. Reines Bewußtsein oder das Selbst sind jedoch kein Geheimnis. Sie sind deine wahre Natur. Der Verstand verschleiert die wahre Natur eines Phänomens und mißdeutet sie dann. So führt der Verstand uns hinters Licht.

❖

Deine Gedanken sind deine eigene Schöpfung. Durch dein Zusammenwirken mit ihnen verleihst du ihnen Realität. Entziehe ihnen deine Unterstützung, und sie werden sich auflösen. Beobachte deine Gedanken. Liebe sie nicht und hasse sie nicht, bewerte sie weder als gut noch als schlecht. Sei nichts weiter als ein Zuschauer, und sie werden verschwinden. Die äußere Welt wird nicht verschwinden, nur weil du sie beobachtest. Doch wenn du einfach Zeuge sein kannst, ohne dich einzumischen, wird die innere Gedankenwelt verschwinden.

Als erstes müssen wir einen guten Charakter aufbauen. Gute Gedanken werden uns helfen, gute Eigenschaften zu entwickeln. Der Verstand besteht nur aus Gedanken. Aus starken Gedanken werden Taten. Aus wiederholten Taten werden Gewohnheiten. Und Gewohnheiten bilden den Charakter.

❖

Unser Geist ist voll von Bildern. Belasten wir ihn nicht noch mehr! Versuchen wir statt dessen, uns von den bereits existierenden Bildern frei zu machen! Vollenden wir dies und fügen nicht immer wieder neue hinzu! Sprechen wir nicht über unwesentliche Dinge! Zeit ist etwas sehr Kostbares für uns.

❖

Vielleicht hast du bestimmte Vorstellungen vom Leben, die du für richtig hältst, doch werden sie sich zwangsläufig von den Vorstellungen aller anderen Menschen unterscheiden. Jeder hat seine eigenen Vorstellungen, seine eigenen Gedanken und Gefühle, und ebenso glaubt jeder, er sei im Recht und alle anderen im Unrecht. Bei allen Menschen verhält es sich so. Jeder Verstand hat seine eigenen Konzepte geschaffen. Verstehe jedoch, daß der Verstand allein dies beurteilt. Die Gedanken können nicht einfach ausgeschaltet werden. Sie schmelzen in der Hitze, die von Tapas erzeugt wird, und diese Hitze entsteht durch die Unterweisung des Meisters in Verbindung mit deiner Liebe und deiner Beziehung zu ihm. Dieser Vorgang erfordert ein hohes Maß an Geduld.

Seit langer Zeit schon leben wir auf der materiellen Ebene. Es ist uns zur Gewohnheit geworden, zu denken und zu handeln, wie es uns gefällt. Wenn wir nun versuchen, unsere Gedanken zu beherrschen und sie auf einen bestimmten Punkt zu konzentrieren, werden all diese vergangenen Erfahrungen und Gewohnheiten emporsteigen und uns heimsuchen. Gewohnheiten sind sehr stark. Wenn wir sie zu ändern versuchen, wird unser Verstand sich unwillkürlich wieder und wieder unseren Gewohnheiten zuwenden. Diese Gewohnheiten lassen sich nur durch regelmäßige Übungen ablegen.

❖

Wenn du im Selbst ruhst, bist du in einer Stimmung, in der du unablässig geben willst. Wenn das Gefühl der Trennung aufhört, kannst du ein Mensch werden, der immer nur gibt. Jedes Gefühl von Dualität muß verschwinden; das heißt nichts anderes, als daß der Verstand verschwinden muß. Erst dann kannst du zum wahren Geber werden, der weder nehmen noch geben muß. Die Bürde und der ständige Lärm deiner Gedanken sind eine schwere Last. Diese Last ist so übermächtig geworden, groß genug, um dich zu überwältigen. Das Bedauerliche daran ist, daß du, der du diese Last trägst, dir ihres schrecklichen Gewichtes nicht einmal bewußt bist.

❖

Verlorene Zeit ist unwiederbringlich dahin. Versuche, Herr deiner Gedanken und Sinnesorgane zu sein. Strebe die größtmögliche Beherrschung des Geistes an. Übe dich in Liebe, Geduld und Nachsicht.

INTELLEKT

Nur in der Tiefe reiner Stille können wir Gottes Stimme vernehmen. Wenn der Intellekt (der Sitz des Egos) mit Information angefüllt ist, findet nichts anderes mehr Einlaß. Der Verstand, der randvoll mit intellektuellem Wissen ist, kann nicht einen einzigen Tropfen spirituellen Wissens aufnehmen. Auch ein verschlossener, negativer Verstand kann die höchste Weisheit nicht empfangen. Um reines Wissen aufzunehmen, muß man weit offen und empfänglich sein wie ein unschuldiges Kind. Ein unsteter, zweifelnder Verstand ist nicht fähig, sich echtem Wissen zu öffnen. Erst wenn der Intellekt all seine Kommentare einstellt, können wir der inneren Stimme Gottes lauschen.

❖

Wer ungläubig ist, ist ständig im Zweifel. Alles dient seinem Intellekt als Nahrung. Niemals lebt er in Frieden; immer ist er ruhelos, alles stellt er in Frage. Aufgrund seines mangelnden Glaubens an ein höheres Prinzip ist daher die Grundlage seines gesamten Lebens schwankend und zerstreut.

Der Intellekt ist wichtig. Unser Denken muß flexibel sein. Es sollte dazu dienen, das Herz zu unterstützen, unseren Glauben, unsere Liebe und unser Mitgefühl, unsere höheren Ideale. All dies muß sich im Gleichgewicht befinden. Ob zuviel Glauben oder zuviel Denken – beides ist gefährlich, wenn es einander ausschließt.

❖

Das richtige Verständnis läßt dich erkennen, daß du in den Zustand ewiger Freiheit nur dann gelangen kannst, wenn du dich vom Intellekt lossagst. Das richtige Verständnis dämmert erst, wenn du die Bürde deines Egos, die schwere Last des Intellekts spürst. Leben ist ein Geheimnis. Dieses Geheimnis wird erst gelüftet, wenn du dich hingibst, denn mit dem Intellekt kannst du seine Weite und Unendlichkeit, seine wahre Bedeutung und Fülle nicht erfassen. Verneige dich tief und sei demütig, und du wirst den Sinn des Lebens verstehen.

❖

Wer immer nur mit dem Intellekt denkt, kann das Gefühl des Herzens nicht verstehen. Der Intellekt ist wichtig, absolut wichtig. Aber er hat seinen eigenen Bereich. Dort sollst du ihn belassen. Benutze ihn nicht in unangemessener Weise. Eine übermäßige Betonung des Intellekts birgt Gefahr in sich – die Gefahr, die Schönheit des Lebens zu zerstören.

❖

Manche Menschen benutzen ausschließlich ihren Intellekt; ihr Intellekt ist ihr ganzer Stolz. Sie sind von ihm besessen. Ob sie im Recht oder im Unrecht sind, immer sind sie der festen Überzeugung, daß ihre Sichtweise allein richtig ist. Solche Menschen können sich nicht anhören, was andere dazu denken und fühlen. Der Umgang mit ihnen ist sehr schwierig, weil sie andere leicht verärgern und sich zu Feinden machen. Die meisten Intellektuellen haben sich in ihrem selbstgebauten Schneckenhaus verkrochen und können nicht mehr heraus, weil sie sich nur dort sicher fühlen. Sie haben ihre eigenen Konzepte und Theorien und sie erläutern sie gern. Einem Menschen, der sich allein auf seinen Intellekt verläßt, sind Hingabe und Akzeptanz unmöglich, es sei denn, er sieht sich einer ernsten Gefahr, einer lebensbedrohlichen Situation oder einer Nachtoderfahrung gegenüber. Wie kann man sich ohne Hingabe öffnen? Wie die Wirklichkeit hinter den Dingen erkennen?

❖

Niemand kann spirituelle Erkenntnis ohne Liebe und Hingabe erlangen, ohne die Offenheit, mit der man wahres Wissen von einem wahren Meister empfangen kann. Ein Sucher von überwiegend intellektueller Natur muß daher versuchen, ein Gleichgewicht zwischen dem Intellekt und dem Herzen herzustellen. Wenn du zu intellektuell bist, beeinträchtigst du damit das Gleichgewicht und wirst zu egoistisch. Intellekt ist Logik. Logik kann nur analysieren und trennen, nicht vereinigen und trägt nicht dazu bei, daß Glaube und Liebe sich entwickeln, die einen wesentlichen Faktor inneren Wachstums darstellen.

Zuviel Intellekt und zuwenig Herz bewirken Konflikt, Enttäuschung und Frustration. Herz und Intellekt sollten sich immer im Gleichgewicht befinden. Liebe schärft den Intellekt. Je mehr Liebe in dir ist, desto schärfer und klarer wird auch dein Denken sein.

❖

Ein zweifelnder Verstand ist ein großes Hindernis auf dem Weg spiritueller Wahrheiten. Nie haben wir gelernt zu glauben. Wir verstehen nur zu zweifeln. Das ist der größte Fluch, unter dem die Menschheit heute leidet.

❖

Der Intellekt wird immer Einwände und Zweifel haben. Nie läßt er uns glauben; nie gönnt er uns ungeteiltes Vertrauen. Ohne Unterlaß verlangt er Beweise in Form weiterer Erklärungen. Dieses unaufhörliche Verlangen wird erst dann ein Ende finden, wenn du dir der Sinnlosigkeit dieses wiederholten Zweifelns bewußt wirst. Je mehr Beweise und Erklärungen du dem Intellekt lieferst, desto mehr wird er verlangen.

❖

Seit Jahrhunderten schon schreiben die Menschen immer wieder über Spiritualität. Sie können kein Ende finden. Die Menschen haben so viel im Kopf; sie wollen darüber schreiben, sprechen, es interpretieren, erläutern und diskutieren. Am Ende sind sie verwirrt, und in ihrer Verwirrung bringen sie auch andere durcheinander.

Im Herzen ist kein Platz für Worte. Worte gehören dem Intellekt an. Der Intellekt kann sprechen. Unzählige Worte werden von ihm aufgenommen und wieder ausgespuckt – völlig gefühllose Worte. Der Intellekt kennt weder Mitgefühl, noch fühlt er Liebe oder Güte. Denken ist seine einzige Gabe. Selbst Liebe und Mitgefühl versucht er vernunftmäßig zu erfassen. Wo zu viele Worte sind, da ist keine Liebe.

❖

Beweise und Erklärungen liefern dem Intellekt Nahrung. Ohne Zweifel, Worte und Erklärungen kann der Intellekt nicht überleben. Das Wissen der äußeren Welt ist das Lebenselixier des Geistes. Deshalb ist er ständig auf der Jagd nach Zahlen und Zusammenhängen. Darum füttere den Verstand nicht, wenn dir das bewußt ist.

EGO

In unserem gegenwärtigen geistigen Zustand wähnen wir uns frei und im Licht und sind doch in Dunkelheit und selbst geschaffenem Ego gefangen. Wir verwechseln Dunkelheit mit Licht und Gefangenschaft mit Freiheit. Es gilt, diese Gefangenschaft als das zu erkennen, was sie ist. Wir merken gar nicht, daß wir gefangen sind – wir liegen schon so lange Zeit in Ketten, daß sie uns wie Zierat vorkommen und das Gefängnis fast wie ein Zuhause. Was wir als Schmuck betrachten – Ansehen, Macht Wohlstand –, hält uns in Wirklichkeit gefangen. Dieses Mißverständnis führt dazu, daß Elend und Unglück Bestandteil unseres Lebens geworden sind. Darum können wir nicht mehr von ganzem Herzen lächeln.

❖

Das Ego genau zu beobachten ist das beste Heilmittel. Es wird die verborgene Ursache deines Leids ans Licht bringen. Das Ego ist die Ursache, die unsichtbare Wurzel. Das unsichtbare und doch mächtige Ego muß bloßgestellt werden. Allein durch diese Bloßstellung verschwindet das Ego. Das Ego bloßzustellen heißt, es zu zerstören.

Alle Kriege und Eroberungen entspringen dem Ego, in den meisten Fällen dem nationalen Ego, dem kollektiven Ego eines Landes. Jeder Krieg findet zwischen großen kollektiven Egos statt. Sie betonen, daß sie für das Allgemeinwohl kämpfen, für den Schutz des Landes, für den Frieden der ganzen Menschheit und so fort. Doch wenn du zum wahren Grund vordringst, erkennst du, daß es ein Kampf zwischen Egos ist.

❖

Das größte Problem in der Welt der Wirtschaft und der Politik ist der harte Konkurrenzkampf, das Tauziehen zwischen Parteimitgliedern oder rivalisierenden Geschäftsleuten, bei dem jeder den anderen zu übertrumpfen sucht. In solchen Situationen wirst du dich zwangsläufig deinen Gegnern gegenüber aggressiv gebärden; du willst Macht über sie haben, also mußt du ihnen zeigen, daß sie mit dir rechnen müssen. Um dein Ziel zu erreichen, ist dir jedes Mittel recht, auch wenn es noch so unmenschlich ist. Und in diesem Überlebenskampf kommen dir deine menschlichen Eigenschaften abhanden. Dein wahres Ich wird geopfert.

❖

Das Ego kann nur zerstören. Es zerstört alles – sogar das Leben selbst. Es zerstört alles Gute und Schöne. Wo das Ego herrscht, da herrscht die Häßlichkeit, denn das Ego ist von Natur aus häßlich und abstoßend. Ein egoistischer Mensch mag noch so attraktiv und talentiert sein, dennoch wird man in seiner Nähe immer ein unangenehmes Gefühl haben.

Das Ego macht dein Leben zu einer Art Schlachtfeld; auf einem Schlachtfeld gibt es nur Feinde, keine Freunde, niemanden, der dir nahesteht. Auf einem Schlachtfeld gibt es weder Liebe noch Anteilnahme. Dein einziges Streben ist es, den anderen zu vernichten. Vergeben und Vergessen kommen zu keinem Zeitpunkt in Betracht. Sogar diejenigen, die auf deiner Seite zu stehen scheinen, versuchen dich herunterzuziehen. Im Grunde denken sie genauso wie du, sind ebenso mißtrauisch wie du. Und so kommt es, daß sie zuerst die Gegner und schließlich sogar die eigenen Leute vernichten. Macht und Geld machen blind. Und warum das alles? Weil es keine Hingabe, keine Demut gibt. Jeder hält sich für etwas Besonderes, für etwas Großartiges. Also versucht er, anderen seine Größe zu demonstrieren, und dies endet stets in Zerstörung.

Wenn du dich mit äußerster Demut vor allem Leben verneigst, verneigt sich das Universum vor dir und ist dein Diener. Wenn es keinen Verstand und kein Ego gibt, bist du eins mit allem Sein, das Universum und alle Wesen sind deine Freunde. Selbst ein Feind wäre dann dein Freund, wäre eins mit dir; weil dein Feind deinem eigenen Selbst angehört, auch wenn er oder sie sich dieser Wahrheit nicht bewußt ist. Wenn du innerlich eins mit dem Feind bist, wie kann er dann, genaugenommen, dein Feind sein? Wie kann irgendwer oder irgendwas, ob empfindsam oder empfindungslos, das in dir als Teil deines Selbst existiert, dir in irgendeiner Weise Schaden zufügen? Wenn du einmal dein Ego abgelegt hast, kann dir nichts mehr passieren, es sei denn, du willst es.

Leider haben wir eine starke Neigung, für alles eine Erklärung zu finden. Indem wir unser eigenes Versagen nie zugeben, finden wir immer den einen oder anderen Grund, all unser Tun zu rechtfertigen.

❖

Du kannst dein Ego behalten; kein Problem. Aber laß dich nicht davon auffressen. Ein Mensch kann sein Ego dazu benutzen, um sich seiner Arbeit zu widmen, Besitz zu erwerben und sich mit angenehmen Dingen zu beschäftigen. Das ist in Ordnung. Aber er darf sich von seinem Ego nicht blenden lassen. Er darf nicht gegen sein eigenes Gewissen, gegen seine eigene menschliche Natur handeln. Die Blindheit des Egos stößt dich in tiefe Dunkelheit. Du kannst nichts richtig sehen oder hören. Was du durch deine Augen und Ohren wahrnimmst, ist verdreht, und dementsprechend sind deine Reaktionen. Du leidest, und auch anderen fügst du Leid zu.

❖

Wenn die selbst geschaffene Mauer des Ego beseitigt ist, wirst du erkennen, daß die dualistische Natur der Welt eine rein äußere Erscheinung ist; im Ursprung ist alles eine vollkommene, eine einzige Einheit. Die äußere Welt wird allzusehr überschätzt, während die innere Welt nicht beachtet wird. Dies verstärkt unsere Unwissenheit nur noch mehr.

❖

Menschen, die eine hohe gesellschaftliche Stellung bekleiden, sind oft sehr selbstgefällig, es sei denn, sie haben eine Haltung der Selbsthingabe. Sie sind es gewohnt, aufgrund ihrer außerordentlichen Leistungen von der Öffentlichkeit gefeiert zu werden. Je bekannter jemand ist, desto selbstgefälliger ist er zumeist, weil durch all diese Anerkennung das Ego anschwillt. So geht es vielen Menschen, die erfolgreich in der Welt sind. In solchen Menschen ist das Ego recht offensichtlich; man erkennt es an ihrer Sprache und ihrem Verhalten. Sie können es nicht verbergen. Was im Inneren verborgen ist, muß früher oder später offenbar werden, wie sehr man auch um das Gegenteil bemüht ist. Es ist nur eine Frage der Zeit.

❖

Durch die Gnade des Meisters kann höchste Erkenntnis zu jeder Zeit eintreten. Doch bist du darauf vorbereitet? Manche Menschen sagen: „Warum muß ich mich darauf vorbereiten, wenn ich das doch schon bin?" Ja, das bist du, aber was ist mit der Last der Negativität, die du noch immer in dir trägst? Was ist mit deinem Ego? Solange noch eine Spur von Bindung da ist, mußt du daran arbeiten, diese Bindung abzulegen. Das Gefühl, daß du der Körper bist und der Verstand eine Fessel ist, liegt an Zorn, Haß, Wollust und Neid. Wenn du in solche Gefühle verstrickt bist, kannst du die Wahrheit, die als deine wahre Natur in dir existiert, nicht erkennen. Darum ist der Prozeß des Sadhana notwendig.

❖

Anerkennung wie Zurückweisung sind nur möglich, wenn Ego
da ist. Das Ego kann anerkennen oder zurückweisen. Wer sich
vom Ego lossagt, überwindet beides.

❖

Sobald das Ego beseitigt ist, bist du keine Persönlichkeit mehr.
Du wirst Bewußtsein. Du wirst formlos. Das Ego verleiht Na-
men und Form. Wenn das Ego nicht mehr ist, sind Namen und
Form dahin.

Verlangen und Wünsche

Begierde ist die Ursache von Leid. Das Glück, das wir aus weltlichen Dingen beziehen, ist nur ein unendlich kleiner Bruchteil der Glückseligkeit, die wir in unserem Inneren finden. Wenn wir uns mit diesem Körper identifizieren, führt das immer zu Leid. Dieser Körper ist nur eine Leihgabe. Eines Tages kommt für uns die Zeit, ihn zu verlassen. Dann müssen wir gehen. Das Ewige müssen wir erreichen, solange wir in diesem Körper wohnen. Wenn wir ein eigenes Haus besitzen, werden wir mit Freuden aus diesem gemieteten Haus ausziehen. Dann können wir im ewigen Haus Gottes wohnen.

❖

Die Menschen haben Angst davor, sich von ihren Wünschen loszusagen. Sie glauben, ohne sie nicht leben zu können. Doch diese Angst ist unbegründet, denn niemand wird dich zwingen, deinen Besitz aufzugeben und dich dem Willen des Gurus zu unterwerfen. Kein wahrer Guru würde dich unter Druck setzen und irgend etwas von dir verlangen.

Ursache und Wirkung müssen irgendwann eins werden. Sinnesorgane, Geist, Intellekt und Lebenskraft sind Auswirkungen; die Welt selbst ist eine Auswirkung. Wirkliches Leben ist die abgeklärte, ständige Bemühung, diese Wirkungen mit dem höchsten Selbst, der Ursache, zu vereinen. Solange das Gefühl da ist, daß man noch etwas erreichen muß, ist das Leben nicht erfüllt. Erfüllung stellt sich erst ein, wenn es nichts mehr zu erreichen gibt. Alles Leid hat ein Ende, wenn die Sinnesorgane sich von den Objekten der Wahrnehmung zurückziehen.

❖

Solange du dich mit dem Körper identifizierst, besteht Dualität. Körperbewußtsein heißt Bewußtsein von Raum und Zeit; und im Bewußtsein von Raum und Zeit entstehen Unterschiede wie Religion, Kaste, Rasse und Nationalität. Diese Dualität läßt alles als von dir verschieden und getrennt erscheinen.

❖

Sünde ist Unwissenheit oder Vasanas, die Neigungen, die aus dem vorherigen Leben herrühren. Es ist sinnlos, jemanden zu hassen und ihn als Sünder zu bezeichnen. Niemand ist ohne Fehl und Tadel. Sonst wäre jeder hassenswert, denn einen Menschen ohne Makel gibt es nicht. Was man in Indien als „Unwissenheit" bezeichnet, das nennt man im Westen „Sünde". Sünde ist ein Synonym für Unwissenheit. Die Taten, die uns Gott näherbringen, sind verdienstvoll, während jene, die uns von Gott wegführen, sündig sind.

Der Gedanke an Zerstörung entsteht nur, wenn Gier und Selbstsucht den Menschen überwältigen. Liebe und Mitgefühl sind die einigenden Kräfte. Allein sie können ein Gefühl von Einigkeit und Zusammenhalt erzeugen. Ein Mensch, der nur an sich und seine eigenen Wünsche denkt, wird engstirnig. Er wird fast blind und sieht nur noch sich und sein ausgesprochen selbstsüchtiges kleines Ego. Ein solcher Mensch kann der Gesellschaft schaden; er kann leicht sinnlose Zerstörung anrichten.

❖

Der Körper existiert, solange Begehren existiert. Wird ein Körper aufgegeben, tritt der nächste an seine Stelle. Der Körper ist der Inbegriff des Begehrens. Begehren hat viele Gesichter. Es schadet nicht, Gotterkenntnis zu begehren. Dieses Begehren ist sogar ein Muß. Zu Gott gelangt man nur durch spirituelle Übungen. Dazu bedarf es des Körpers, und deshalb ist der Gedanke, den Körper aufzugeben, falsch.

❖

Der Wunsch nach Glück birgt immer auch Leid in sich. Besser ist es, beides zu überwinden, indem man Glück und Leid gleichermaßen willkommen heißt und darin die Natur des Lebens erkennt. Es schadet nicht, Wünsche oder Erwartungen zu haben. Das ist nicht das Problem. Doch wir binden uns an unsere Erwartungen, und das erzeugt Leid. Stelle dich darauf ein, daß Dinge geschehen oder auch nicht geschehen. Nimm es als Gottes Wille. Hier enden die Probleme.

Auf Leid folgt immer die Erfahrung inneren Friedens. Der Weg zur Freude führt über die Erfahrung von Leid. Leid am Anfang und dauerhaftes Glück am Ende sind weit besser als Glück am Anfang und immerwährendes Leid am Ende. Leid ist ein unabwendbarer Bestandteil des Lebens. Wer nicht gelitten hat, kann weder dauerhaften Frieden noch Glück erfahren. Dies trifft auch auf das weltliche Leben zu. Anfängliches Leid ist dein Tapas, der Preis, den du für dein Lebensglück zu bezahlen hast. Die Intensität des Leids ist abhängig von dem Maß an Glück, das du suchst. Denn spirituelle Glückseligkeit ist bei weitem die höchste aller Freuden; so ist auch das Maß an Tapas oder der Preis für diese Glückseligkeit am höchsten.

Das Leben bringt viel Mühsal und Mißgeschick mit sich. Diese müssen wir akzeptieren lernen und sogar von ganzem Herzen willkommen heißen; nicht willensschwach oder enttäuscht, sondern geduldig, enthusiastisch und optimistisch muß unsere Einstellung sein. Nur dann können wir auf das wahre Ziel des Lebens zugehen – die süße Glückseligkeit und Freude der Unsterblichkeit. In jedem Lebensbereich und bei jeder Tätigkeit erwartet dich Leid in irgendeiner Form. Ohne dieses Leid zu akzeptieren und darüber hinauszuwachsen, kannst du all die Freude und all den Frieden nicht erfahren, die am Ende auf dich warten, wenn du das Leid überwunden hast. Das ganze Leben ist eine Lektion, in der es darum geht, zu akzeptieren. In den scheinbar negativen Erfahrungen, die wir durchlaufen, liegt immer eine göttliche Botschaft verborgen. Wir müssen nur die Oberfläche einer Situation durchdringen, und die Botschaft offenbart sich.

❖

Leid entsteht aus Begierde. Würde Begierde zu wahrem Glück führen, hätten wir schon vor langer Zeit die Glückseligkeit der Befreiung erlangt. In den Sinneserfahrungen findet man jedoch keine wahre Glückseligkeit.

❖

Nur wenn du deine egoistische Denkweise aufgibst, kannst du deine wahre Natur erkennen. Sonst fällst du leicht den Ratten der Wünsche zum Opfer. Eine einzige Ratte auf dem Feld kann die gesamte Ernte vernichten. Ebenso genügt ein einziger Wunsch, um die Schönheit des Selbst zu verunstalten. Somit wirst du zum Sklaven des Samsara. Um sich von diesem Ego zu befreien, so heißt es, bedarf es des Glaubens an Gott, denn aus dem Glauben an Gott erwächst Demut. Wahre Demut entsteht erst, wenn wir in allem Gott sehen können.

❖

Wer um die Erfüllung kleinlicher Wünsche bittet, begibt sich in die Gefangenschaft von Gefühl und Verstand mit all ihren Bindungen und Abneigungen. Gleichzeitig verlängert er die Kette von Wut, Wollust, Gier, Neid, Täuschung und allen anderen negativen Charakterzügen. Jeder Wunsch bringt diese negativen Gefühlsregungen mit sich. Wer jedoch um Reinigung bittet, damit er das Bewußtsein des Selbst erlangt, dessen gesamte Lebensanschauung wird durch diese Gebete verändert.

❖

Erkenne, daß jedes Objekt deiner Begierde Leid in sich birgt. Wenn du nicht jetzt deine Wünsche beherrschst, werden sie später dich beherrschen und verschlingen. Sei glücklich mit dem, was du hast. Hast du mehr, so gib den Armen und Bedürftigen.

❖

Vom Kreislauf des Lebens und des Todes kannst du nur durch Verminderung der Vasanas Befreiung erlangen. Alle spirituellen Übungen dienen als Hilfestellung, die Vasanas abzuschwächen.

❖

Jedes Ding, an das wir uns klammern, und jeder nichtige Wunsch, den wir uns erfüllen, ist wie ein Ufer, an dem wir uns Ruhe und Rast erhoffen. Bedenke: Jeder Sprung ans Ufer, jeder Versuch, in der äußeren Welt Beständigkeit zu finden, vergrößert nur den Abgrund unserer Unzufriedenheit und läßt unsere Rückkehr zu den Gestaden unserer wahren Existenz in immer weitere Ferne rücken. Bald schon bemerken wir, daß all jene Ufer untergehen, an denen wir Ruhe zu finden hofften, und all unser Glauben und unsere Hoffnung erweisen sich eines Tages als vergebens. Früher oder später wird dieser Tag kommen.

❖

Der Menschen Irrtümer und Ungerechtigkeit sind auf Wollust und Wut zurückzuführen. Wichtig ist darum die Beherrschung der Begierden.

Von den Eindrücken, die unser Handeln in vorigen Leben hinterlassen hat, ist auch dieses Leben geprägt. Diese erworbenen Neigungen bestimmen unsere Handlungsweise in unserem jetzigen Leben.

❖

Das Ewige und das Nichtewige müssen genau unterschieden werden. Ist die Liebe, die wir in der Welt finden, wahre Liebe? Sind wir überhaupt zu selbstloser Liebe fähig? In Wirklichkeit ist es nicht Liebe, sondern Lüge. Wahre Liebe ist immer selbstlos. Und entspringt unsere Liebe nicht der Begierde?

❖

Die Scheinwelt besitzt keine Macht, dich zu täuschen. Du selbst hast dich von deinen erworbenen Neigungen verführen lassen. Du siehst die Dinge durch die Brille deiner Vasanas und bewertest sie, deinen Vorlieben und Abneigungen entsprechend, als gut oder schlecht.

❖

Die Erfüllung deiner Wünsche wird in sich selbst eine Kette von Problemen auslösen, weil du dich an das bindest, was du erreicht hast. Denn was du erreicht hast, das mußt du dann bewahren, und dein Hang zum Besitzenwollen wird weiter wachsen. Dein Geist wird von Unruhe erfüllt sein, ob deine Wünsche nun erfüllt sind oder nicht.

Menschen, die sich von ihrem Wunsch nach Ruhm und Bewunderung durch andere mitreißen lassen, benehmen sich manchmal töricht. Denn wenn der Verstand von etwas besessen ist, geht dein Urteilsvermögen verloren. Der Verstand verliert seine Klarheit, und du wirst zum willigen Werkzeug in den Händen anderer Menschen. In deinem Wunsch nach Anerkennung, Lob und Bewunderung verlierst du deine Spontaneität, und dein Verhalten wird unnatürlich. Vielleicht glaubst du, daß es der Wahrheit entspricht, was andere über dich sagen, und daß du dich auf eine bestimmte Art und Weise verhalten mußt, weil du sonst ihre Anerkennung verlieren würdest. So wirst du zu törichtem Handeln verleitet. Ein Mensch, der vom Verlangen nach Ruhm, Macht und Ansehen besessen ist, will in der Welt alles an sich reißen.

UNWISSENHEIT

Versuche aus jedem Fehler zu lernen und ihn nicht zu wiederholen. Wenn dies aus Versehen geschieht, kein Problem. Mach dir keine Gedanken. Aber bewußt immer wieder denselben Fehler zu machen ist eine Neigung unserer niederen Instinkte. Tue das nicht. Versuche diese Schwäche zu überwinden. Wenn du auf dieser Schwäche beharrst, wird sie dich schließlich in Dunkelheit stürzen, aus der es kein Entrinnen gibt.

❖

Nur wenn wir uns der Bürde unseres eigenen Egos bewußt werden, können wir unsere Fehler beheben. Bemühe dich um Demut. Wir sind hier, um Gott in anderen zu sehen, nicht Böses und Unwissenheit.

❖

Wir messen der äußeren Welt eine viel zu große Bedeutung bei; die innere Welt dagegen beachten wir nicht.

Lerne die Situationen im Leben zu akzeptieren, statt gegen sie anzukämpfen. Gib weder den Umständen noch deinen Mitmenschen die Schuld. Lege deine eigenen Schwächen ab. All deine Fehlschläge und verletzten Gefühle, all deine Ängste und Probleme entspringen deiner inneren Schwäche. Diese Schwäche nennt man Unwissenheit. Du identifizierst dich mit deinen Gedanken, die auf einem Mißverständnis beruhen.

❖

In unserer modernen Gesellschaft sind die Menschen meistens blind. Sie haben ihre klare Sichtweise verloren und betrachten alles aus einem äußerlichen Blickwinkel. Ihre Sicht und Einschätzung der Dinge ist sehr oberflächlich. Sie sehen die Dinge nicht, wie sie wirklich sind. Die Gesellschaft, in der wir leben, ist unbewußt; sie befindet sich im Halbschlaf.

❖

Wir geben nicht auf, nicht wahr? Diese ganze Welt besteht nur aus Unwissenheit, Maya. Warum versuchen wir mehr und mehr anzuhäufen und zu besitzen, wo wir doch wissen, daß all dies Illusion ist? Jeder hält sich selbst für gut und die anderen für schlecht. Das ist falsch. Wenn in dir etwas Gutes ist, dann solltest du in allem das Gute sehen können. Du aber siehst das Schlechte in anderen, weil Schlechtes in dir ist. Versuche diese Wahrheit zu erkennen. Zeige nicht auf die Fehler und Irrtümer der anderen. Erkenne deine eigenen Fehler und versuche sie korrigieren. Trage die Last deiner eigenen Fehler, deines eigenen Egos und bürde sie nicht anderen auf.

257

UNGEDULD

Spirituelles Wachstum ist evolutionär, nicht revolutionär. In ihrer Ungeduld wollen die Menschen eine Revolution. Doch Revolution ist immer destruktiv. Leider verlangen die Menschen heutzutage nach spiritueller Entwicklung in kürzester Zeit. Sofortige Erleuchtung ist ihr Wunsch. Kannst du dir eine Mutter vorstellen, die zu ihrem Baby sagt: „Ich will, daß du sofort groß wirst! Warum bleibst du so lange Kind? Beeile dich, ich habe keine Zeit zu warten." Was würdest du von einer solchen Mutter halten, außer daß sie ausgesprochen dumm oder gestört ist? Die Menschen erwarten ein Wunder. Sie haben nicht die Geduld, zu warten oder sich zu bemühen. Sie verstehen nicht, daß das wahre Wunder darin besteht, sein Herz der höchsten Wahrheit zu öffnen. Dieses innere Erblühen geht immer langsam und stetig voran. Alles in der Natur ist evolutionär. Gott verwendet äußerste Sorgfalt und Geduld selbst auf das Aufgehen einer Blume – und das Aufgehen einer Blume ist ein Wunder. Es dauert neun Monate, bis ein Kind für die Geburt bereit ist – und diese Geburt ist ein Wunder. Gott ist niemals in Eile. Er ist evolutionär. Wirkliches Wachstum ist immer evolutionär.

Zahllos sind die Wünsche und Forderungen der Menschen, die alle so schnell wie möglich erfüllt sein sollen. Sie wollen Ergebnisse, doch die Geduld, sich um diese Ergebnisse zu bemühen, bringen sie nicht auf. Sie sind zwar bereit, sich einer langjährigen Ausbildung zu unterziehen, um große Künstler oder Wissenschaftler zu werden oder um ein Vermögen zu verdienen, doch wenn es um Gottverwirklichung geht, wollen sie ein sofortiges Ergebnis. Ungeduld jedoch hat nur negative Ergebnisse zur Folge.

❖

Das göttliche Sankalpa steht hinter der gesamten Schöpfung. Die Göttlichkeit ist immer gegenwärtig, doch unsere Ungeduld schließt die Türen, so daß Gottes Sankalpa in unserem Leben nicht wirksam werden kann.

❖

Nur eine tiefgehende, allmähliche, stetige Entwicklung kann zu einem echten Ergebnis führen. In den Zustand des Gottesbewußtseins hineinzuwachsen ist immer ein evolutionärer Prozeß. Wir müssen die notwendige Voraussetzung der Reinheit und der geistigen Reife erwerben, bevor wir in das Reich der höchsten Wahrheit eintreten können. Dies geschieht mit Hilfe von Ritualen. Wenn diese Reife und Reinheit erlangt ist, sind wir bereit, in das Meer von Sat-chit-ananda einzutauchen; dann werden alle Handlungen und Rituale überflüssig. Solange wir noch mit Handlungen und Ritualen beschäftigt sind, sollten wir uns daran erinnern, daß Selbsterkenntnis das höchste Ziel ist.

Die Menschheit strebt dem Untergang entgegen. Die Menschen haben nicht die Geduld, Gottes Sankalpa in ihrem Leben oder in der Gesellschaft als Ganzem wirken zu lassen. Sie sind von ihrer Ungeduld und ihrem Verlangen nach sofortiger Befriedigung geblendet. Das Ego ist immer auf der Suche nach Herausforderungen und will seine Wünsche so schnell wie möglich befriedigen. In ihrer Hektik verlieren die Menschen jegliche Geduld und Urteilskraft; dadurch wird ihre klare Sicht getrübt. Wenn sie dem nicht Einhalt gebieten, führt das in die Katastrophe. Wenn die ganze Gesellschaft derart verblendet ist, geraten alle aneinander: die Menschen geraten untereinander, Städte mit anderen Städten und Länder mit anderen Ländern in Konflikt. Ungeduld verursacht Disharmonie und Unvollkommenheit. Die schlimmen Zustände der heutigen Zeit, deren Ursache in der Ungeduld der Menschen liegt, bereiten schrecklicher Zerstörung den Weg. Sie kann nur abgewendet werden, wenn wir aufwachen. Das ist die Moral der Geschichte.

VERGANGENHEIT

Die Vergangenheit ist die Wohnstatt von Zorn, Haß, Rache, Bindung, Neid und aller Negativität. Die Vergangenheit ist der Ursprung der Probleme. Die Vergangenheit ist das Konto, auf das wir durch unsere Reaktionen mehr und mehr einzahlen. Doch ist die Vergangenheit dahin, so ist auch das Ego dahin; alle Gedanken schwinden.

❖

Du trägst bereits eine schwere Last. Du hast eine ungeheure Menge abzulegen. Wenn du dich mit deinen früheren Leben beschäftigst, vergrößerst du nur deine Last. Was wäre, wenn du herausfindest, daß einige der Menschen, die jetzt bei dir sind, oder jemand, der dir sehr nahesteht, dir in einem früheren Leben Schaden zugefügt haben? Das würde deinen Geist nur in unnötige Unruhe versetzen. Das alleinige Ziel eines Satgurus ist es, dich aus dem Sumpf der Vergangenheit zu ziehen, und nicht, dich dorthin zurückkehren zu lassen. Deine Vergangenheit ist die Ursache deines Leidens.

Die Vergangenheit ist unser Nachschlagewerk. Bei allem, was wir hören, erfahren oder tun, beziehen wir uns automatisch auf diese alten Seiten. In ihnen finden wir Bedeutungen, Interpretationen und Handhabungen, die schon früher zur Anwendung kamen. Danach richten wir unser Sprechen und Handeln. Das nennt man Reagieren.

❖

Die gewohnheitsmäßige Reaktionsweise, die von der Vergangenheit bestimmt ist, tritt wieder und wieder an die Oberfläche. Und mit jeder deiner Reaktionen gewinnt sie mehr an Stärke. Du und dein Opfer, ihr habt beide eine Vergangenheit. Beide reagiert ihr aufeinander. Und die Reaktion eines jeden wird von der Stärke und Dichte seiner vergangenen Reaktionen bestimmt. Beide besitzt ihr Bände über Bände von Büchern riesigen Ausmaßes, auf die ihr euch unwissentlich bezieht. Ein gewöhnlicher Mensch schreibt immer weiter auf diesen Seiten und läßt so mit jeder seiner Reaktionen diese gigantischen Bücher weiter anschwellen.

❖

Transformation kann für jedermann stattfinden. Der spirituelle Weg ist nicht einigen wenigen Auserwählten vorbehalten – er steht jedem Menschen offen. Gnade und Bereitschaft zur Hingabe sind jedoch die wichtigsten Voraussetzungen; und wenn diese beiden Faktoren zusammentreffen, kann eine Transformation stattfinden: Vergangenheit wie Zukunft verschwinden, und du lebst gänzlich in der Gegenwart, im Selbst.

Glaube nicht, daß all deine Erinnerungen an die Vergangenheit verschwinden, wenn du den Zustand der Vollkommenheit erlangst. Nein, die Erinnerungen sind noch immer da, doch du wirst dich nie wieder mit ihnen identifizieren. Sobald deine Identifikation mit der Vergangenheit aufgehoben ist, wird diese nurmehr ein Lagerplatz deiner Erinnerungen sein. Als einen solchen Lagerplatz sollst du die Vergangenheit ansehen, nicht als Wohnung. Wenn du etwas aus der Vergangenheit brauchst, so begib dich dorthin und hole es dir. Sobald du gefunden hast, was du brauchst, verlasse den Ort. Du wohnst dort nicht. Verbringe dein Leben nicht im Keller deiner Vergangenheit, denn dort ist nicht dein Zuhause.

❖

Die Vergangenheit und die Zukunft sind unwirklich. Sie sind Illusion. Die Vergangenheit ist aus und vorbei, sie wird nicht wiederkommen. Und die Zukunft steht noch bevor.

❖

Für die Gegenwart, nicht für die Vergangenheit muß eine Lösung gefunden werden. Was jetzt geschieht, ist weit wichtiger als die Ereignisse in der Vergangenheit. Nur wenn du dich mit dem gegenwärtigen Moment beschäftigst, werden all deine Fragen und Probleme ein Ende finden. Es ist sinnlos, zurückzuschauen und sich mit früheren Leben zu beschäftigen – das ist nicht wichtig. Alles in deinem gegenwärtigen Leben ist das Ergebnis der Vergangenheit. Beschäftige dich mit der Gegenwart; mache das Beste aus jedem Moment, und alles wird gut.

Damit ein Mensch transformiert werden und alle Unvollkom-
menheiten und Begrenzungen überwinden kann, muß die Vergangenheit sterben. Jeder ist dazu in der Lage, wenn er die nötige
Entschlossenheit besitzt. Vergiß, wer du in der Vergangenheit
gewesen bist oder was du getan hast. Konzentriere dich darauf,
was du sein möchtest; und dann, während du alles Notwendige
tust, um dein Ziel zu erreichen, laß auch die Zukunft los. Wer
oder was du gewesen sein magst, ist nicht von großer Bedeutung.
Die Vergangenheit kann man auch mit einem Friedhof vergleichen; es wäre nicht weise, an einem solchen Ort zu leben, nicht
wahr? Vergiß deine Vergangenheit. Erinnere dich nur daran, wenn
es nötig ist, doch laß dich nicht in ihr nieder.

❖

Die Vergangenheit ist Teil des Verstandes; sie gehört zu der Welt
der Gedanken und Taten an. Es ist möglich, von der verstandes-
mäßigen Ebene zur höchsten Ebene, der Ebene der Wahrheit,
emporzusteigen, vorausgesetzt, du besitzt die nötige Entschlossenheit und Losgelöstheit. Von der Welt der Gedanken gelangst
du zu einem Zustand, der frei von Gedanken ist; und vom Tun
gelangst du zur Freiheit des Nichttuns. Du gehst in einen Zustand jenseits des Denkens über. Aus Mitgefühl kannst du dann
erwägen, weiterhin in der Welt zu leben, zum Segen und Wohlergehen aller Wesen.

SELBSTMORD

Seinem Leben ein Ende zu setzen ist absolut keine Lösung für die Probleme des Lebens. Setze dich lieber hin, entspanne dich und denke richtig nach. Es gibt für alles eine Lösung. Du mußt nur versuchen, sie zu finden. Das erfordert Geduld. Verliere nicht die Geduld; das führt dich ins Verderben. Geduld ist etwas Kostbares. Du wirst sehen, durch geduldiges Nachdenken werden sich viele Probleme entwirren.

❖

Selbstmord ist für keines deiner Probleme eine Lösung. Wenn du Selbstmord begehst, vermehrst du nur die Probleme deiner Familie. Denke an die Probleme, die sie durchmachen müssen. Indem du dich umbringst, stürzt du sie in tiefes Elend. Glaubst du, daß mit deinem Selbstmord alles endet? Nein. Dadurch erzeugst du nur eine Kette von Unglück. Du hemmst und verzögerst nur deine eigene Entwicklung.

❖

Wir müssen unser Bestes versuchen, nach Kräften mit jeder Situation des Lebens fertigzuwerden. Fehlschläge sind unvermeidlich; sie sind nur ein weiterer Aspekt des Lebens. Es gibt kein Leben ohne Erfolg und Mißerfolg. Beides ist unvermeidlich, unausweichlich. Sogar wenn du Selbstmord begehst, wird das die Situation nicht ändern. Es liegt in der Natur der Sonne, zu scheinen und zu erleuchten. Es liegt in der Natur des Meeres, Wellen zu schlagen. Es liegt in der Natur des Flusses, zu fließen. Jedes Ding hat seine eigene Natur, ohne die es seine Existenz verlieren würde. Diese angeborene Natur kann nicht davon getrennt werden. Ebenso liegt es in der Natur des Lebens, daß es Glück und Leid gibt. Beides ist untrennbar mit dem Leben verbunden. Warum also weinen und sich um Dinge sorgen, die sowieso nicht zu ändern sind?

❖

Die Lebenskraft ist von Gott gegeben. Wir haben kein Recht, ihr ein Ende zu setzen. Das verstößt gegen das Gesetz der Natur. Wenn wir das wissentlich tun, begehen wir damit eine ungesetzliche Tat, eine Sünde. Leben ist ein Geschenk Gottes. Er hat es gegeben, und Er allein hat das Recht, es wieder zu nehmen. Er allein hat das Recht, zu entscheiden, wann und wie das Leben enden soll. Wir besitzen keine Schöpferkraft; also dürfen wir unser Leben auch nicht nach Belieben zerstören.

PRAKTISCHE HINWEISE

Tue Busse und übe dich in Askese

Es erfordert sehr viel Tapas, damit eine neue Geburt stattfinden kann. Das gilt für jede Art von Geburt, sei es die Geburt einer Nation, einer Institution oder eines Unternehmens; immer ist sehr viel Tapas vonnöten. In jedem Bereich, welcher es auch sei, kann man nur durch Selbstdisziplin an die Spitze gelangen. Wenn du ein wirklicher Meister deines Faches werden willst, ist Tapas absolut notwendig. Spirituelle Verwirklichung heißt, zu sterben und wiedergeboren zu werden. Das Ego muß sterben. Erst dann kann dein wahres Ich geboren werden. Und wie bei jedem anderen Geburtsprozeß mußt du dich Tapas, intensivem Tapas, unterziehen. Das ist unumgänglich. Das spirituelle Ziel unterscheidet sich von anderen Vorhaben nur graduell. Spirituelle Verwirklichung ist die höchste Form von Glück, die ein Mensch erreichen kann; dementsprechend hoch ist deshalb auch der Preis, der dafür zu zahlen ist.

Disziplin

Selbstdisziplin ist in unserer Zeit ohne Zweifel vonnöten. Dieser Dringlichkeit muß sich jeder bewußt sein. Sie ist nicht nur ein Bedürfnis, sondern eine dringende Notwendigkeit für jeden einzelnen. Wir pflegen und verschönern unseren Körper und die Welt um uns herum, während in unserem Geist Chaos herrscht. Pflege und verschönere dein Inneres. Gehe nicht so verkrampft mit äußeren Situationen um. Sobald das Innere eines Menschen rein ist, ordnet sich das Äußere automatisch. Miß den äußerlichen Dingen nicht mehr so viel Bedeutung bei.

SAGE „JA" ZUM LEBEN

Wenn du das Leben mit all seinen Erscheinungen als kostbares Geschenk betrachtest, wirst du zu allem ja sagen können. Wenn du es allerdings als dein gutes Recht ansiehst, dann kannst du nicht ja sagen – dann kannst du nur nein sagen. Dann geht alles schief. Wenn du immer nein zum Leben mit all seinen Erfahrungen sagst, wirst du unglücklich und gelangweilt sein. Bist du aber voller Liebe und Mitgefühl, dann kannst du nicht nein sagen, dann kannst du nur ja sagen. Das Wort „nein" existiert nur da, wo Dualität ist. Wenn du nein zum Leben sagst, fühlst du dich unglücklich und unzufrieden. Du lehnst dich gegen alles auf und kannst nicht mit dir selbst glücklich sein. Immer fühlst du dich unbedeutend und unzufrieden. Wie kommt es dazu? Weil du immer etwas willst. Du willst Geld, Ansehen, ein neues Haus, ein neues Auto – die Liste wird immer länger. Unzufriedenheit und ein Leben voller Langeweile sind die Folgen. Du wirst zum Dauernörgler, der mit nichts zufrieden ist. Die Menschen jagen ständig hinter irgendwelchen Dingen her. Aus diesem Grunde bleiben sie unglücklich, und trotz all ihrer Bildung und ihres intellektuellen Wissens fühlen sie sich unzulänglich.

BEKÄMPFE DIE NEGATIVEN TENDENZEN IN DIR

Womit du es wirklich zu tun hast, das ist der Kampf gegen deine eigene negative Natur. Dieser Kampf ist eine ernst zu nehmende Herausforderung. Am Ende wird dieser Kampf völlig „kampflos". Wenn das eintritt, werden dein Handeln und dein Umgang mit den Dingen spontan sein.

STUDIERE DIE SCHRIFTEN MIT UNTERSCHEIDUNGSVERMÖGEN

Wer die Schriften gründlich studiert und ihre wahre Bedeutung versteht, wird nicht egoistisch. Ein solches Studium ist weder Zeit- noch Energieverschwendung. Im Gegenteil, in schweren Zeiten kann es einem Menschen von großer Hilfe sein, vorausgesetzt, er benutzt sein Unterscheidungsvermögen.

SEI VORBILD

Bei allem, was du tust, solltest du versuchen, anderen ein Vorbild zu sein. Du solltest ihnen als Inspiration dienen. Jede Tat sollte eine Botschaft und eine Lektion für andere in sich tragen. Hinter jeder Tat sollte ein Ideal stehen.

ORDNUNG

Äußere Ordnung führt zu innerer Ordnung. Versuche deine Umgebung immer sauber und ordentlich zu halten. Äußere Unordnung weist auf innere Unordnung hin. Wenn deine Umgebung unordentlich ist, wirkt sich das ebenfalls auf deinen Geist aus.

❖

Äußere Disziplin und Aufmerksamkeit führen zu innerer Wachsamkeit. Erachte nichts als unbedeutend oder unwichtig. Vergeßlichkeit und Unachtsamkeit sind keine guten Eigenschaften.

LAUFE NICHT VOR DEM LEBEN DAVON

Der Mensch hat die Tendenz, schwierigen Situationen aus dem Weg zu gehen. Er bemerkt nicht, daß er damit nur einem neuen Problem in die Arme läuft. Wenn du vor einer Situation davonläufst, hast du damit nicht dein Ego hinter dir gelassen. Es ist dir gefolgt. Es bleibt immer bei dir und mit ihm all deine Ungeduld, all dein Mangel an Demut. Bald wirst du erkennen, daß du dich von einem Problem ins andere stürzt und die neue Situation vielleicht noch schlimmer ist als die alte. Dein Leben wird erst dann von Glück und Erfolg gekrönt sein, wenn du die geistige Fähigkeit besitzt, dich jeder Situation anzupassen. Dies ist eines der grundlegenden Prinzipien des Lebens. Solange du in Vorurteil und Voreingenommenheit gefangen bist, kannst du den Schwierigkeiten des Lebens nicht entkommen.

VERGLEICHE DICH NICHT
MIT ANDEREN

Vergleichen macht alle Talente zunichte. Vergleichen macht dich befangen und vermindert deine Leistungsfähigkeit. Ein Mensch, der befangen ist, kann sich nicht gut ausdrücken. Ihm oder ihr geht alle Kraft und Kreativität verloren. Vergleichen kann etwas sehr Destruktives sein. Es behindert deinen spirituellen Fortschritt. Es kann alle Möglichkeiten geistigen und intellektuellen Wachstums einschränken. Bedenke, daß du niemand anders sein kannst und daß niemand anders du sein kann. Nur du kannst du sein. Ein Vergleich mit anderen zerstört deine Persönlichkeit und läßt dich vor anderen wie ein Narr dastehen.

BEREUE

Jede Sünde wird von den Tränen der Reue reingewaschen. Die bloße Erkenntnis deiner Verfehlung hat dich bereits von ihr befreit.

SEI DISZIPLINIERT

Menschen gelten als hochentwickelte Lebewesen. Wenn unsere Handlungen aber weiterhin jeder Disziplin entbehren, pflastern wir damit nur den Weg unseres eigenen Untergangs.

HABE KEINE ERWARTUNGEN

Wenn du jemandem helfen willst, gut. Tue es, doch nicht mit dem Gefühl, daß andere dir danken oder dich loben sollen für das, was du für sie getan hast.

WENN DU ETWAS GUTES TUN WILLST, WARTE NICHT – TUE ES GLEICH

Die Zeit ist uns immer gewogen, doch wir sind der Zeit nicht gewogen. Gunst und Ungunst liegen gleichermaßen nur in unserem Inneren. Weil die Menschen dies nicht erkennen, sind sie ihren Lebensumständen ausgeliefert. Viel Gutes rinnt dir durch die Finger, während du herumsitzt und auf den passenden Zeitpunkt wartest. Wenn du etwas Gutes tun willst, dann warte nicht auf den richtigen Moment, sondern tue es sofort, wenn es gut ist.

LEID IST NOTWENDIG

Spirituelle Verwirklichung ist ohne Leid nicht möglich. Wir sind nicht von Geburt an vollkommen.

HINDERNISSE SIND DA, UM SIE ZU ÜBERWINDEN

Hindernisse und Schwierigkeiten sind Herausforderungen, die wir annehmen und überwinden müssen.

ERKENNE, DASS DAS GÖTTLICHE IMMERWÄHREND IST, UND DU ERLANGST INNEREN FRIEDEN

Alle rennen wild herum auf der Suche nach Frieden. Frieden muß von innen kommen. Was müssen wir tun, um diesen Frieden zu erlangen? Wir müssen unser Leben leben, indem wir das Ewige und das Nichtewige verstehen und unterscheiden. Das ist der einzige Weg. Frieden erlangen wir nur durch die Erkenntnis, daß Gott allein ewig ist. Unsere Liebe zu allem und jedem ist mit Erwartung verbunden. Diese Erwartung allein ist der Grund für Haß. Haß und Zorn entstehen, wenn unsere Erwartungen und Wünsche nicht erfüllt werden. Ewigen Frieden und Trost finden wir nur im Selbst, unserer wahren Natur.

SEI NICHT SCHÜCHTERN

Schüchternheit muß ein spiritueller Mensch als erstes ablegen. Wer den spirituellen Weg beschreitet, muß ein selbstbewußtes Wesen entwickeln.

WELTLICHE VERGNÜGUNGEN WERDEN DICH NICHT GLÜCKLICH MACHEN

Dauerndes Glück kann nicht in einer Welt gefunden werden, die sich in jedem Moment verändert. Wenn wir uns auf die ewige Wirklichkeit verlassen, werden wir ewige Glückseligkeit erlangen. Wir sind gefangen in der Illusion, daß wir Glück in der Welt finden. Und so rennen wir in unserem Verlangen danach ruhelos hin und her. Unerfüllte Wünsche, Frustration und Zorn sind die Folge. Ohne zwischen Wichtigem und Unwichtigem zu unterscheiden, handeln wir nach Belieben. Können wir das als Leben bezeichnen? Wessen Fehler ist das?

ERKENNE DIE ENDLICHKEIT DER MATERIELLEN WELT

Wenn du dir der nichtewigen Natur der Dinge bewußt werden kannst und das inmitten all der Versuchungen der westlichen Gesellschaft, dann wirst du in der Lage sein, die Oberflächlichkeit solcher Vergnügungen zu durchschauen. Du wirst der Versuchung materiellen Genusses nicht erliegen. Unter allen Umständen wirst du erkennen, daß solche Dinge dir kein inneres Glück geben können.

SIEH NACH VORN

Ein spiritueller Mensch sollte nur nach vorn sehen. Den Blick hierhin und dorthin schweifen zu lassen zeugt von mangelnder Konzentration und Wachsamkeit.

LASSE LOS

Abgestoßen von der Welt? Gut, wenn es die Loslösung von sinnlichen Freuden bedeutet.

SEI UNABHÄNGIG

Abhängigkeit von anderen verursacht Probleme und Leid. Wir sollten versuchen, so viel Selbstvertrauen wie möglich zu haben.

ERFAHRUNG IST WICHTIG, NICHT BÜCHERWISSEN

Es ist nichts Besonderes, Bücherwissen zu predigen. Du solltest aus Erfahrung sprechen. Nur was aus Erfahrung kommt, ist von Wert.

WERDE UNSCHULDIG WIE EIN KIND

Wenn wir älter werden, verlieren wir alle Begeisterung und Freude. Wir werden trocken und unglücklich, weil wir unseren Glauben und unsere Unschuld verlieren. Darum ist es gut, sich mit Kindern zu beschäftigen. Sie lehren dich, zu glauben, zu lieben und zu spielen. In jedem steckt ein Kind. Alle Menschen tragen die Unschuld und die Verspieltheit eines Kindes in sich. Das Wunder und die Liebe, die du als Kind erlebt hast, kehren erst zurück, wenn du wieder wie ein Kind spielen kannst. Unschuld liegt in dir, doch tief verborgen. Du mußt sie wiederentdecken. Dafür mußt du tiefer und tiefer in deine spirituellen Übungen eintauchen.

BEHALTE DIE EINSTELLUNG EINES ANFÄNGERS BEI

Nur wenn du dir deiner Unwissenheit bewußt bist, behältst du die Einstellung eines Anfängers bei. Ein Anfänger ist immer unwissend und ist sich dessen auch bewußt. Darum hört er aufmerksam zu. Er ist offen und empfänglich. Sobald du aber etwas zu wissen glaubst, hörst du nicht mehr zu; dann sprichst du nur noch. Dein Geist und dein Intellekt sind dann voll. Du bist kein Anfänger mehr, sondern bist zum Wissenden geworden. Doch ein Wissender ist in Wirklichkeit unwissender als andere, weil er völlig verschlossen ist. Er hat seine Offenheit und Empfänglichkeit eingebüßt. Und um zu wissen, mußt du offen sein, mußt du ein unschuldiger Anfänger sein.

SEI AUFMERKSAM

Wenn du aufmerksam bist, kannst du weder die falsche Richtung einschlagen noch etwas Unrechtes tun. Dauernde Wachsamkeit macht dich so rein, daß du schließlich zur Verkörperung der Reinheit wirst – und das ist dein wahres Wesen. Wenn du diesen höchsten Zustand erlangt hast, dann wird jede Absicht, wird jedes Wort, jede Tat rein.

VERBRENNE DIE LEIBLICHEN BEGEHREN
IM FEUER DES WISSENS

Ein wahres Opfer ist das Opfern unserer triebhaften Neigungen. Sie müssen im Feuer des Wissens geopfert werden.

277

SELBSTSUCHT

Wie können selbstsüchtige Menschen die Welt zum Guten
wenden?

SEI DEMÜTIG UND EINFACH,
DENN DARIN LIEGT WAHRE GRÖSSE

Nicht Führer, sondern Diener werden in dieser Welt dringend gebraucht. Ein wahrer Diener ist ein wahrer Führer. Ein wahrer Führer dient den Menschen ohne Ego und egozentrische Wünsche.
Wahre Größe erkennt man nicht an Kleidung und Adel nicht am
Reichtum. Wahre Größe liegt in Demut und Einfachheit.

VERSUCHE NICHT DIE ANDEREN,
SONDERN DICH ZU ÄNDERN

Versuche nicht die Welt oder andere Menschen zu ändern, ehe
du nicht in der Lage bist, dich selbst zu ändern. Wenn du andere
zu ändern versuchst, ohne deine eigene Einstellung zu ändern,
wird das keine Auswirkung haben.

DEIN KÖRPER IST DAS INSTRUMENT
ZUR GOTTESVERWIRKLICHUNG

Wie kann jemand spirituelle Übungen praktizieren ohne einen
Körper? Es ist lächerlich zu glauben, der Körper sei unwichtig.
Der Körper soll nicht gequält, sondern trainiert und unter Kon-
trolle gebracht werden.

KUMMER UND LEID

Leid fördert unser Wachstum. Ohne Leid geht der Mensch keinen Schritt vorwärts. Die Angst vor Kummer und Leid treibt dich an. Gäbe es nur Glück, hätten die Menschen keine Angst. Faulheit und Genußsucht wären die Folge. Und Faulheit und Genußsucht führen dich in den Ruin.

Alle Liebe dieser Welt wird uns letzten Endes nur Kummer bereiten. Es gibt keine selbstlose Liebe in dieser Welt. Glück kann nicht in der Außenwelt gefunden werden. Es liegt in uns. Die Erfahrung von Glück ist möglich, wenn die Sinnesorgane konzentriert werden. Wir lassen uns täuschen, wenn wir glauben, daß die Glückseligkeit in unserem Inneren von äußeren Dingen herrührt. Es ist wahr, daß wir auf der Suche nach Glück umherwandern. Gibt es eine Zeit, die frei von Aufregung ist? Gibt es Frieden? Und wo gibt es Glück ohne Frieden?

Deine Gedanken und Gefühle bereiten dir Kummer, nicht Gott. In der Schöpfung muß es beides geben, Gutes wie Schlechtes. In der Schöpfung gibt es nicht das eine ohne das andere. Unsere Pflicht ist es, die Beschaffenheit aller Dinge zu verstehen und entsprechend zu handeln. Alles hat seinen eigenen Platz im Leben. Räume den Dingen einfach den Platz und den Stellenwert ein, der ihnen gebührt, nicht mehr und nicht weniger. Dann hat alles seine Ordnung.

Das Leben in der Gesellschaft

In jedem Lebensbereich, in dem Dinge auf die falsche Weise gehandhabt werden, gibt es immer auch andere, die diese Dinge auf die richtige Weise tun. Nur so kann die Gesellschaft funktionieren, ohne daß völlige Zerstörung eintritt. Schlechtes wird immer durch Gutes aufgewogen, Böses durch Tugend, Beleidigung durch Lob, Zerstörung durch Schöpfung ausgeglichen; materielle Vergnügungen, Genußsucht und Bindung werden durch Verzicht, Abstinenz und Loslösung aufgehoben. Während die, die in der Welt leben, all ihre Energien durch Genußsucht und die Jagd nach Vergnügungen verzehren, bewahren spirituelle Sucher ihre Energie, indem sie sich von Genußsucht und zügelloser Bindung fernhalten. Auf der einen Seite werden alle Energien zerstreut, auf der anderen werden sie bewahrt. Bewahren hilft dem, der geben will. Denn wie soll der geben, der selbst nichts hat?

Lache nicht über andere und verurteile sie nicht

Ehe du einen anderen Menschen verurteilst, versuche deinen eigenen Verstand, deine eigenen Gedanken und deine eigene Handlungsweise zu beobachten. Versuche deine eigenen Fehler und Schwächen zu sehen. Werde dir ihrer bewußt. Wenn du dies aufrichtig tun kannst, wirst du bei anderen keine Fehler finden, weil du erkennst, daß in deinem eigenen Verstand eine weit größere Verwirrung herrscht als in dem ihren. Dann wirst du nicht über andere lachen.

Beurteile nichts, ohne alles darüber zu wissen. Selbst hinter Dingen, die wir als unüblich betrachten, könnte der Wille des ewigen Gottes stehen.

❖

Über anderer Menschen Unzulänglichkeiten zu lachen ist eines der niedersten Dinge, die du tun kannst. Wenn du unbedingt lachen mußt, dann lache über deine eigenen Schwächen und Torheiten.

❖

Du sollst nicht andere hänseln und dich über sie lustig machen.

❖

Niemand ist vollkommen. Blicke in deinen inneren Spiegel, und du wirst deine eigenen dunklen Stellen entdecken. Wenn du sie siehst und sie dir bewußt machst, wirst du aufhören zu lachen. Wer sich über andere lustig macht, der verschließt sein eigenes Herz.

GLOSSAR

Atman nach hinduistischem Verständnis das wahre unsterbliche Selbst des Menschen, das der Westen als Seele bezeichnet
Ashram spirituelles Zentrum
Avatar Inkarnation des Göttlichen

Bhagavad Gita „Gesang des Erhabenen"; philosophisch-religiöses Lehrgedicht, Teil des Mahabharata; heiliger Text über den Pfad der Erkenntnis, in dem *Krishna* Arjuna unterweist
Bhagavan der Herr
Bhajan Gesang zu Ehren Gottes
Brahmacharini/Brahmachari spirituell Strebende(r), die/der in Gedanken, Worten und Taten enthaltsam und in Ehelosigkeit lebt
Brahman das alles durchdringende göttliche Prinzip
Brahmane Angehöriger der Kaste der Gelehrten und Priester

Darshan die Begegnung mit einem oder einer Heiligen
Dharma wörtlich: „dasjenige, welches das Universum bewahrt". Dharma hat viele Bedeutungen, wie: das göttliche Gesetz, das Lebensgesetz, in Übereinstimmung mit der göttlichen Harmonie, Rechtschaffenheit, Religion, Pflicht, Verantwortung, Tugend, Gerechtigkeit, Güte und Wahrheit. Dharma bezeichnet die inneren Grundsätze der Religion. Das Dharma des Menschen ist, seine eingeborene Göttlichkeit zu verwirklichen.
Devotee Gottesverehrer, Anhänger eines Meisters

Guru wörtlich: „derjenige, der die Dunkelheit beseitigt"; ein Lehrer, insbesondere der spirituelle Meister

Japa das Wiederholen eines *mantras* als Form der Meditation
Jiva die individuelle Seele
Jivanmukta jemand, der schon zu Lebzeiten Befreiung erlangt hat
Jivanmukti die Befreiung, Erlösung zu Lebzeiten
Jnana Erkenntnis des Selbst; Weg der Erkenntnis
Jnani jemand, der *jnana* erlangt hat; Selbstverwirklichter

Karma Handlung, Tat; Konsequenz unserer Handlungen, Schicksal
Krishna die wichtigste Inkarnation von Vishnu. Er wurde in einer königlichen Familie geboren, wuchs aber bei Pflegeeltern auf und lebte als junger Kuhhirte in Vrindavan, wo er von seinen ihm ergebenen Gefährten, den Gopis und Gopas, geliebt und verehrt wurde. Er war ein Vetter und Berater der Pandavas, besonders von Arjuna, welchem er die Lehren der *Bhagavad Gita* vermittelte.

Mahatma wörtlich: „große Seele"; Heiliger oder Selbstverwirklichter
Mantra heilige Formel, welche unaufhörlich wiederholt wird. Dadurch werden die schlafenden spirituellen Fähigkeiten geweckt. Es ist am wirkungsvollsten, wenn man ein Mantra von einem Meister erhält.
Mata Amritanandamayi „Mutter der unsterblichen Glückseligkeit"
Maya Täuschung, Schein, Illusion; Schleier der Vielfalt, der die eine Wirklichkeit verhüllt

Mudra heiliges Zeichen mit der Hand; Geste, die mystische Wahrheiten symbolisiert

Moksha Befreiung, Erlösung

Paramatman die höchste Seele oder Gott

Prasad geweihte Gaben, die am Ende einer Zeremonie (*puja*) verteilt werden

Pranayama Yogatechnik zur Beherrschung des Atems

Puja rituelle Verehrung, Zeremonie, Gottesdienst. In Indien gibt es zahlreiche Formen von Pujas, die dem spirituellen Meister oder Gott in einer bestimmten Gestalt gewidmet sind. Meist werden dabei Früchte, Blumen und Räucherwerk geopfert.

Rama eine Inkarnation Vishnus. Der göttliche Held im Epos „Ramayana". Er gilt als Ideal der Rechtschaffenheit.

Sadhak jemand, der *sadhana* ausübt, spirituell Suchender

Sadhana Sammelbegriff für spirituelle Übungen

Sakshi bhava der Zustand des Zeugen; vollkommen aufmerksames, aber unbeteiligtes Beobachten

Samsara das Umherwandern der Seele im Kreislauf der Existenzen

Samskara Tendenzen des Geistes, welche das Rad der Wiedergeburt in Gang halten. Sie sind durch Handlungen und Gedanken aus früheren Leben entstanden.

Sankalpa schöpferischer Entschluß, Absicht, Wille; beherrschte, selbstgewollte Gedankenbewegung. Das Sankalpa eines vollendeten Wesens wird unausweichlich zum angestrebten Ergebnis führen.

Sat-chit-ananda Sein-Bewußtsein-Glückseligkeit

Satguru wahrer Guru, vollkommener Meister

Siddhis „vollkommene Fähigkeiten"; psychische, sogenannte übernatürliche Fähigkeiten, die sich als Nebenprodukt spiritueller Entwicklung einstellen können. Das Haften an solchen Fähigkeiten ist ein ernstes Hindernis auf dem spirituellen Weg.

Sraddha Sorgfalt, Aufmerksamkeit, Glaube

Tapas wörtlich: „Hitze"; Selbstdisziplin, Askese, Buße; intensive spirituelle Übungen

Upanishaden der letzte Teil der Veden, der das Wesen des Absoluten (Brahman), der transzendenten Wirklichkeit und des wahren Selbst behandelt

Vasanas versteckte Neigungen oder subtile Wünsche in Gemüt und Verstand, die sich in Handlungen, Reaktionen und Gewohnheitsmustern ausdrücken. Vasanas sind die gesammelten Resultate der Erinnerungen von Erfahrungen, wie sie im Unbewußten gespeichert sind.

Vedanta wörtl.: „Veda-Ende"; die Philosophie der Upanishaden, die Zusammenfassung der Veden. Vedanta lehrt, daß die endgültige Wahrheit „eins und unteilbar ist".

Veden wörtlich: „Wissen"; die Gesamtheit der ältesten Schriften der indischen Literatur

Yaga Opfergabe

Yagna Opfer; Riten beim Gottesdienst, bei denen Feuer angezündet wird, in die man das Opfer gibt

Weitere Informationen und die Termine
für Ammas Veranstaltungen in Europa
erhalten Sie von:

DEUTSCHLAND
Verein Amrita e.V.
Linzhausenstraße 82, D-53545 Linz
Tel. 02644-8733, Fax 02644-8736
oder Tel./Fax 06063-2216

SCHWEIZ
Amrita Vereinigung
c/o Heidi Fürer-Bucher
Wagenhalde 8, CH-8162 Steinmaur
Tel./Fax 0041-18530429

Internet:
www.ammachi.org